经管类专业虚拟仿真实验系列教材

互联网营销市场经营分析理论与实务

HULIANWANG YINGXIAO
SHICHANG JINGYING FENXI
LILUN YU SHIWU

任志霞　袁野　杜维　主编

Southwestern University of Finance & Economics Press
西南财经大学出版社

中国·成都

图书在版编目(CIP)数据

互联网营销市场经营分析理论与实务/任志霞,袁野,杜维主编.—成都:西南财经大学出版社,2019.4

ISBN 978-7-5504-3857-6

Ⅰ.①互… Ⅱ.①任…②袁…③杜… Ⅲ.①网络营销—研究 Ⅳ.①F713.365.2

中国版本图书馆 CIP 数据核字(2019)第 001232 号

互联网营销市场经营分析理论与实务

任志霞　袁野　杜维　主编

责任编辑:王艳
装帧设计:穆志坚　张姗姗
责任印制:朱曼丽

出版发行	西南财经大学出版社(四川省成都市光华村街 55 号)
网　　址	http://www.bookcj.com
电子邮件	bookcj@foxmail.com
邮政编码	610074
电　　话	028-87353785
照　　排	四川胜翔数码印务设计有限公司
印　　刷	四川五洲彩印有限责任公司
成品尺寸	185mm×260mm
印　　张	10.25
字　　数	230 千字
版　　次	2019 年 5 月第 1 版
印　　次	2019 年 5 月第 1 次印刷
书　　号	ISBN 978-7-5504-3857-6
定　　价	35.00 元

前　言

　　"十三五"是我国经济转型升级的关键时期。在人才培养方面，国家教育事业发展规划明确提出，要显著增强学生的创新精神和实践能力，培养创新型、复合型、应用型和技术技能型人才；同时，鼓励利用互联网、大数据、人工智能等技术提供更加优质、个性化的教育服务，不断拓展教育发展新空间。《互联网营销市场经营分析理论与实务》一书充分融入了高等院校经济管理类专业人才培养目标的要求，努力培养学生良好的逻辑思维能力、问题解决能力以及勇于创新精神，全面提高学生的综合素质。目前，我国企业界和教育界之间缺乏固定长久的合作关系和联系机制，实践性教学环节不能形成一个良好持久的运行模式，而借助商务智能决策模拟软件展现的体验式教学，可以有效地培养学生的综合能力，帮助学生实现从理论到实践再到理论的上升过程，将自己亲身经历的宝贵实践经验转化为全面的理论模型，从而改善经管类专业理论与实践脱节的短板现象。

　　本书主要介绍了网络经济时代背景下的市场营销新环境，以及在此环境下的营销基本理论与实务。全书主要包括两个部分：第一部分理论基础，主要介绍互联网营销市场经营分析相关理论，以及市场经营分析操作软件概述；第二部分实训操作，主要介绍信息域、智能查询、智能报表、智能报告及可视化分析等系统操作的步骤、方法和示例。与国内相同类型的教材相比，本教材具有以下特点：

　　（1）内容与时俱进，依托大数据背景。

　　本书在内容选取上以大数据时代为背景，突出当前互联网营销思维模式对消费者消费行为的影响，以及对企业经营决策分析的影响，并对互联网环境下的数据搜集、数据处理及智能化分析过程进行介绍，紧跟时代发展和技术进步的步伐。

　　（2）强调智能分析，优化体验式教学。

　　本书以用友软件股份有限公司的 BQ（Business Quotient）教学软件平台为基础，介绍如何利用经营分析平台进行数据分析及各类统计，针对企业报表及各类统计分析遇到的诸多问题进行处理解决，集企业多系统数据整合、报表中心、分析中心、控制中心于一体，便于学生体验商务智能分析系统的操作流程及结果分析。

　　（3）完善实操过程，实现对分式课堂。

　　本书编写成员在长期的教学实践中总结了学生在经营分析和数据处理过程中常见的各类疑难问题，并对这些问题进行了详细解析，以指导学生完善实操过程。同时，通过例题讲解和练习实训，实现对分式课堂，提高学生对市场经营分析工具的掌握和应用能力。

本书由任志霞负责设计全书架构、拟订写作提纲、组织编写工作和最后统稿定稿。各章具体分工如下：第 1、2 章由杜维编写，第 3、4、5、6 章由任志霞编写，第 7、8 章由袁野编写。在编写过程中，本书参考了有关书籍和文献资料，尤其是用友 BQ 商业分析平台技术红皮书，在此向作者表示诚挚感谢！此外，本书的出版得到了西南财经大学出版社领导及编辑同志的热情支持和大力帮助。在此，我们一并表示最衷心的感谢！

由于编者水平有限，书中难免存在疏漏之处，敬请广大读者批评指正。

编者

2019 年 4 月

互联网营销市场经营分析理论与实务

目 录

1 互联网营销市场经营分析 / 001

1.1 互联网营销 / 001

1.2 市场经营分析 / 008

1.3 互联网影响下的市场经营分析 / 015

2 经营分析软件概述 / 018

2.1 用友 BQ 平台简介 / 018

2.2 BQ 开发知识准备 / 020

2.3 软件概述 / 022

2.4 案例 / 031

3 信息域 / 037

3.1 信息域的概念 / 037

3.2 信息域的作用 / 037

3.3 术语定义 / 038

3.4 新建信息域 / 039

3.5 关联数据源 / 040

3.6 新建类 / 040

3.7 新建数据对象 / 041

3.8 表及字段名更改 / 043

4 智能查询 / 046

4.1 智能查询的概念及特点 / 046

4.2 构建智能查询的方式 / 047

4.3 智能查询的五种视图 / 055

4.4　智能查询的其他辅助功能　　／058

4.5　智能查询制作　　／071

4.6　效果展示　　／075

4.7　示例集　　／076

5　表格式智能报表　　／095

5.1　表格式智能报表概述　　／095

5.2　表格式智能报表工具栏　　／096

5.3　新建表格式智能报表　　／103

5.4　表格式智能报表四大域及应用　　／105

5.5　效果展示　　／113

5.6　示例集　　／113

6　排版式智能报表　　／126

6.1　排版式智能报表概述　　／126

6.2　排版式智能报表的制作　　／127

6.3　排版式智能报表动态报表　　／139

7　智能报告　　／144

7.1　智能报告功能概述及特点　　／144

7.2　新建智能报告步骤　　／144

8　可视化分析　　／152

8.1　可视化分析概念及特点　　／152

8.2　可视化分析步骤　　／152

参考文献　　／159

互联网营销市场经营分析理论与实务

1 互联网营销市场经营分析

1.1 互联网营销

1.1.1 互联网时代消费的新趋势

传统营销，依照一般意义上的理解，是离不开大众媒体的，无论是大众媒体广告，还是公共关系、事件营销或媒体宣传，都依赖大众媒体，都需要将大比例的经费投入大众媒体。电器、饮料、汽车等各个行业无不如是。传统营销的一个典型模式是先通过事件营销造势，经媒体广泛报道，然后各种大众媒体广告狂轰滥炸，同时各个零售终端密集铺货，媒体推广与几个方面密切协作，最终打开市场并赢得竞争。

然而，到了互联网时代，传统营销的媒体推广模式却遭遇到了挑战。与互联网行业相关的成功品牌，如苹果手机、小米手机、微信等，大部分不倚重或者根本没有大众媒体广告。人们惊奇地发现，大众媒体上的广告和宣传并不是品牌营销的必经途径。在互联网时代，口碑、粉丝也拥有强大的影响力，丝毫不逊色于大众媒体。崭新的互联网推广模式，也可以让你的品牌人人皆知，成为众人喜爱的知名品牌。

在互联网时代，网络购物的发展异常迅猛，在人们生活中所扮演的角色也越来越重要。在很多人的概念当中，电子商务就等同于网络购物。对于国内的大多数消费者来说，网络购物毫无疑问是电子商务所有领域中最为人所熟知的一部分。

在网络购物平台上搜索自己想要购买的产品，在不同的商家之间进行价格、质量、口碑上的比较，订货付款后等待快递公司将购买的产品送货上门，这在当下已经成为越来越多年轻人每天必做的事情之一。更值得关注的是，不仅是大量成长于互联网时代的年轻人把网络购物作为日常生活中最基本的购物方式，而且许多年龄相对较大、原本对网络世界并不熟悉的中年人也纷纷加入网络购物的队伍当中。仅从这方面所表现出来的超强"感染力"，就可以看出网络购物作为一种依托于互联网技术普及而兴起发展的新业态具有的明显优点。事实上，网络购物在当前已被越来越多的人看作是买到"价格低，质量好，品种全"的商品的主要渠道，同时还非常方便。

在传统的商品贸易流通中，因为整体资源、地缘距离、仓储条件、物流时间等因素的限制，一件商品从上游生产者的工厂到达下游消费者的手中最少也需要经过消费者所在地的经销商这一环节。经销商无论是自己开店，自建渠道进行商品销售，还是借助卖场、超市、商店等非自有渠道进行销售，都需要增加相应的渠道成本。实体门店日益高涨的租金，卖场超市种类繁多的费用，高额的分成、返点都使得经销商相应的渠道成本居高不下。这种传统的分销体系使得大多数商品的终端价格随着渠道成本及经销环节的增加而逐渐水涨船高。网络购物的出现打破了这种传统分销体系，降低了商品从生产者到终端消费者的渠道流通成本，让消费者可以在同等条件下购买到价格更低的商品。从本质上来说，网络购物就是在商品贸易领域中依托互联网平台，建立在厂家与厂家、厂家与经销者、厂家与消费者、经销商与消费者、消费者与消费者之间的流通渠道。网络购物平台中最主要的三种类型为：B2B（Business to Business，企业对企业）、B2C（Business to Consumer/Customer，企业对消费者）和C2C（Consumer/Customer to Consumer/Customer，消费者对消费者），这也是基于上述五组不同关系而进行分类的。

网络购物在国内出现于20世纪90年代，很快就吸引了大批走在时代前沿的精英，在2000年前后就有多达数百家专营网络购物的网络公司。现在众多业界公司诸如阿里巴巴、当当网、卓越网（已被亚马逊收购）、易趣网（先被Ebay收购，现为Tom集团子公司）等都是成立于国内那个网络购物方兴未艾的年代。美国在线购物巨头Ebay也选择在2001年进入中国市场。随后，淘宝网、京东商城、凡客诚品、唯品会、乐蜂网、聚美优品等网络购物网站也相继出现。短短十几年，网上购物的人群从区区几百万人增长到了超过3亿人，同时这个数字每年还在快速增长。除了参与人数大幅度地增长外，各大网络购物平台的交易规模也同样大幅地攀升。淘宝在成立之初，一年的交易额仅为数千万元人民币，而在近几年，淘宝的交易额已突破万亿元。仅仅在2013年11月11日这一天，淘宝举办的"双11"购物节一天的交易金额就超过了350亿元。无论是从数量上，还是从体量上来看，网络购物在近几年的发展速度以及发展潜力都是非常惊人的。

依靠以支付宝为主要代表的第三方支付平台，网络购物突破了自身发展中买家支付问题的瓶颈，安全便捷地解决了素未谋面的贸易双方"一手交钱，一手交货"的现实问题。通过与第三方物流的合作，以及自建物流体系的方法，网络购物时商品的物流配送问题迎刃而解。无论贸易双方相距多远，都可以在最短的时间里，将商品安全地送到目的地。网购平台所配备的完善、详细的口碑评价体系，让"挂羊头卖狗肉"的卖家无所遁形，也更大限度地解决了网络交易中的诚信问题。网络购物在出现之初，并不被大众所看好，广受诟病的交易诚信、在线支付、物流配送、消费者习惯等问题，随着时间的推移纷纷得以解决。网络购物在这十几年中从无到有、从粗放到完善，已经发展成了商品贸易流通体系中非常重要的支柱之一。没有人可以再忽略网络购物在贸易活动中的重要性。

当前我国发展较为成功的网购平台主要可以分为平台模式和买卖模式。

平台模式：顾名思义，就是为贸易双方提供一个平台，运营者自身并不参与其中，相当于是把传统的交易市场放到了网络上。因为具有很强的集群效应，平

互联网营销市场经营分析理论与实务

台模式运营成功的相对较少，基本上就是阿里巴巴一家独大的局面。阿里集团旗下的 B2B 阿里巴巴、B2C 天猫商城、C2C 淘宝都在各自领域中处于领先的位置。尤其是淘宝在 C2C 的市场份额中几乎就是一家垄断，而天猫商城在 B2C 的市场份额中也是占据着绝对的第一，遥遥领先于排在第二的京东商城。阿里巴巴的创始人马云更是国内优秀企业家的代表人物，一言一行都可能成为大家关注的焦点。

买卖模式：同传统的商场、超市一样，运营者先从供应商那里购买商品，然后在自己的平台上进行销售。买卖模式运营成功的平台相对较多，并且大多数都有各自特别擅长的领域：例如当当、亚马逊的图书；京东商城、苏宁易购的家用电器、3C 数码产品；乐蜂网、聚美优品的化妆品；唯品会的奢侈品；酒仙网、也买网的红酒、白酒等。这些网购平台以细分市场为切入点，在发展过程中迅速积累了一定基数的用户群体，交易额也都连年增长，虽与阿里系的几大平台还有不小的差距，但也已经成为网络购物领域中的中坚力量。

互联网时代，网络购物不断发展，使得传统品牌定位理论遭到了质疑。传统品牌定位理论认为，市场上的产品越来越多且绝大部分同质，只有让消费者感觉到差异，品牌才有可能赢得竞争。品牌定位理论试图在改变产品的前提下，通过引导消费者对品牌的认知来吸引消费者。在实践中，品牌定位理论被演绎到了极致，许多企业大举投放媒体广告，以简单粗暴的"洗脑"思维来引导消费者的品牌认知，其中的内容不乏"忽悠"的成分。

品牌定位依照企业单方面的意愿来定义品牌内涵。这一策略的前提是：企业掌握话语主导权，而消费者是被动的，没有话语权，并且缺乏识别能力，因此任由企业"洗脑"。但在互联网时代，消费变得与过去不同。消费者不再完全被动，反而能够通过社交媒体发出声音，并且彼此相互影响。当企业借助大众媒体塑造品牌形象、定义品牌内涵时，消费者也可以通过社交媒体发表对品牌的看法，以自己的真实感受诠释品牌。最终，消费者的集体发声可能"盖过了"大众媒体，反向定义了品牌。

在互联网时代，品牌定位理论需要修正。品牌定位只能以事实为依据来引导消费者的认知而不能随意定义，更不能"洗脑"。没有用户体验依据的、夸张的品牌定位将受到互联网特别是社交媒体的挑战。"忽悠式"的品牌定位注定会遭到消费者的抵制。

滴滴打车和快的打车的免费打车乃至"烧钱"补贴，让传统行业为之惊叹。其实，不仅是打车软件，在互联网时代，采取免费或者零利润定价的企业比比皆是。互联网企业的这种定价策略，严重冲击了传统行业，也让传统企业匪夷所思，甚至深感恐惧。同时，这种定价思路也与传统的定价理论直接冲突。

传统定价理论认为，价格应置于一个区间，该区间的上限取决于顾客对产品价值的感知，或者竞品的价格；区间的下限是维系该产品生产的成本。因此，传统定价思维不能接受免费定价和亏损。

然而，互联网却有着不同于传统定价理论的思维方式。在互联网行业内，企业可以实行免费甚至补贴定价。虽然这一定价会直接导致该产品本身亏损，但是却可以在极短时间内创造数以亿计的巨量用户，或抢夺传统企业长期积累的巨量客户资源；而后，企业再在此基础上依靠增值业务、第三方付费等方式将这些巨量用户"变现"，最终创造利润。

互联网在不断创造奇迹，颠覆着既有的传统商业社会，冲击着我们长期以来固有的管理理念，也改变着社会对市场营销的理解。当前，这种颠覆和挑战丝毫没有偃旗息鼓的迹象，还在继续蔓延，甚至也许才刚刚开始。

《传统营销已死》，这篇《哈佛商业评论》上的文章说出了当下许多营销人的感受。我们的企业、我们的社会正在经历一场大变革的洗礼。这是一场堪比当年工业革命的变革。商业生态也随着这一伟大变革而发生巨变。今天的营销人不应该再从技术、手段、方法的角度理解互联网营销。互联网营销不仅是一种手段或方法，还是一种新的思维。

1.1.2 互联网营销与传统营销的差别

对于众多传统企业来说，早已开始感受到来自电商的挑战。互联网营销的普及对于传统企业来说最大的挑战并不仅仅是在当下通过更低的价格、更丰富的品类分流了原本属于他们的用户，而是切断了他们与大批年轻一代用户的联系：成长于互联网时代的年轻用户对于网络购物的依赖与日俱增，与传统营销渠道的距离越来越远。如果传统企业与年轻一代的距离越来越远的话，危机在不久的将来就会出现。所以就目前来看，互联网营销渠道的兴起对于传统企业的真正挑战还未到来。对于现在就已感受到巨大压力的传统企业而言，未来所面临的形势必然会更加严峻。

大势所趋，顺势而为。传统企业在充分了解和认识网络购物的情况下参与其中，从自身企业的产品特点、发展状况出发，或自主运作，或与专业的网商合作已经成为必然的结果。从很多方面来看，互联网营销和传统营销具有很多的相同点，但是传统企业在开始拓展网络渠道之前，仍然需要对互联网营销的一些特点，特别是两者之间的不同点有所了解，只有以与时俱进的互联网思维开拓网购渠道，才能够提升企业对网络渠道的理解力和把控力，少走弯路，提高效率，事半功倍。

互联网营销与传统营销存在四个重要的不同之处。

1. 用户距离

互联网营销相较于传统营销，打破了地域的限制，最大限度地缩短了与用户的距离，降低了用户购买行为所需要花费的额外成本。例如，在线下超市购物，即使离得再近也需要步行或者使用各种交通工具花费一定的时间到达购物地点，并且只能在超市提供的有限品类当中进行选择。如果没有找到自己满意的商品，就意味着需要再花费更多的时间去另外的超市购买，同时还需要承担另一超市也没有所需商品的风险。所以在传统渠道购物，用户或多或少都需要承担一定的附加成本。但是，用户"光顾"网络上的商家就要方便得多，只需几秒钟的时间在网络上搜索或是输入相应的网址就可以了。如果在一家没有看到满意的，也只需要轻轻一点鼠标，就能够"光顾"别的商家，既不费劲，也不费时。因此在网络上购物所需要的附加成本低到几乎可以忽略不计。

对于众多传统的商场、超市而言，正是因为用户距离这一购物过程中最主要的附加成本，所以地段才会成为最受关注的一点。从用户购物的便利性出发（附加成本低），任何的传统渠道小到几个平方米的便利店，大到几层楼高的购物中心，都有各自的影响半径，影响半径从几个街区到几个周边城市不等。而网络渠道则完全不同，作为依托于互联网技术的虚拟平台，完全不存在现实世界中地缘上的限制。只要用户可以连接互联网，网络上的商家就可以如影随形地与用户保持零距离。因此对于网络商家而言，所谓的"影响半径"被无限地扩大了。例如一家在浙江省杭州市运营的网络商场只要所处网络平台能够被覆盖，就完全可以直接把商品卖到全国各地，甚至是海外市场的消费者手中。

用户距离上所产生的不同，直接导致了互联网营销和传统营销在转化率上的巨大差异：传统的百货商场、大卖场等若有 100 个人进来，可能会有 50% 左右的人进行消费；超市、便利店的转化率还会更高，基本上会有超过 60% 的顾客购买商品。但在网络购物平台上，平均转化率仅为 1%～3%，很多交易不太活跃的平台甚至在 1‰ 以下。也就是说，对于大多数网络上的商家而言，如果有 100 个人进了你的网店，看了正在销售的商品之后，有 2～3 人进行消费就已经算是不错了。这也是为什么众多的网购平台先千方百计地导入流量，增加用户数量的重要原因。互联网营销的转化率远远低于传统营销的原因非常简单，网络购物平台缩短了所有网络商家与用户的距离，用户在不同商家之间点点鼠标、输输网址进行选择比较的附加成本可以低到忽略不计。既然选择成本低，那为什么不货比三家，货比三十家，甚至货比三百家呢？因为涉及时间、精力等方面的附加成本，这种情况在传统营销时发生的概率就要小得多。即使发生，由于受到地缘上的限制，用户可以进行选择、比较的商家数量也要远远少于网络上的商家。

2. 商品展示方式

在传统渠道中，商品都以实物展示的方式进行销售。因此如何在有限的空间内从陈列和摆放上下功夫，更好地占据有利位置，吸引更多用户购买成了商品销售环节的重中之重。商场和超市什么位置的人流量最大，适合摆放促销堆头；在哪几个货架的第几层到第几层顾客注意力停留的时间最长，适合摆放主打的产品；哪些品类和包装的商品摆放在一起从视觉上更容易引起顾客注意，等等，都是在传统渠道的商品销售中需要研究的问题。然而在互联网渠道里，所有的商品都是以非实物展示的方式进行销售。在最初主要就是文字和图片，后来商家也可以通过视频进行展示。这种商品展示方式上的改变，产生了两个最直接的影响：首先，介绍商品的文字和展示商品的图片成了决定用户是否购买的重要因素。文案的设计以及图片的编辑成为商品在互联网渠道销售中最重要的环节之一。不论商品实际情况如何，用户在网购时一定会倾向于选择在文案内容和图片展示上能够吸引他们的商家。从某种程度上讲，以文案、图片、视频来吸引用户购买产品，需要商家更多地挖掘用户直观、感性的那一面。其次，就是会不可避免地产生更多的售后服务问题。因为用户只有在收货以后才能看到所购商品的实物，所以除了商家在主观上能够控制的质量问题之外，还会有诸如实物和用户想象中不一样、用户看到实物不喜欢等商家完全不可控的问题出现。在传统营销的商品贸易中，售后服务更多地被看作是买卖双方交易结束之后可能发生的小概率问题；但对于互联网营销来说，售后服务更像是买卖双方交易过程中的一个常规环节。只有等到用户收到商品并确认满意之后，交易才算是告一段落。

3. 竞品比较

任何商品在市场竞争的环境下都会有竞品的存在，只有某些方面在与竞品的比较中具有一定的优势，才能够在激烈的市场竞争中占得一席之地。对于在传统渠道销售的商品而言，受到地域特点、渠道容量和门槛，以及信息不对称等因素的影响，用户在特定的环境里可以进行直接比较的竞品是相对有限的。就好像一家百货公司的化妆品柜台可能会有十几二十个品牌，但不会多到几十个、上百个。同样，在一家超市里，也不会出现上百种的沐浴露或洗发水品牌。即使是专业性的批发市场，也会因为市场空间、所在地资源等限制而存在有限竞品比较的情况。但是互联网渠道由于打破了传统的地域限制，减少了信息不对称的问题，用户通过互联网可以在短时间里搜索到海量的同类商品信息。所以，传统渠道销售的商品面临的是有限竞品比较，而互联网渠道销售的商品面临的是海量竞品比较。海量竞品比较的结果就是用户在网络平台上一定可以搜索到口碑比你更好的、价格比你更低的、质量比你更精的、包装比你更美的、性价比比你更高的同类商品（知名品牌商品除外）。在这样的竞争环境下，商品的清晰定位就显得更加关键和重要。因为海量的竞品各具特点、各有优势，网购商品之间的比较又非常方便和直观，所以想要依然保持比较优势的最好方法就是通过清晰定位来明确具体的目标群体，进而通过具有针对性的营销推广，提升目标群体的购买欲望。在互联网渠道销售的商品如果缺乏清晰定位，没有明确的目标用户，就会导致想买价格便宜的不选你，想买质量好的不选你，想买有个性的不选你，想买好看的不选你，哪头都不讨好，反而为其他竞品做嫁衣。这倒也不是用户故意不愿购买，只是没有特点的商品在网络海量的信息面前根本无法在用户的脑中留下印象，激发其购买的欲望，最后只能作为用户在比较选择时的众多参照物之一而被迅速淡忘。只有让用户感到"不一样"，才能在海量竞品比较的网络购物中持续地保持核心竞争力。事实上，对于大多数准备要开始，或是已开始在互联网渠道上销售商品的传统企业而言，完全可以根据网购用户的消费心理大胆尝试给商品进行更加清晰的定位，而不必担心定位之后会损失一部分不包含在内的用户。因为网络所特有的长尾效应（Long Tail Effect），即使定位再小众的商品也能够通过网络在更大的范围里找到足以为企业创造可观利润的用户群体。

4. 交易方式

传统购物，用户想好要去的商场，带上现金或者银行卡，经过挑选付完钱之后，自己带着商品回家（个别大件商品商家可安排送货上门）。网络购物，用户在网购平台上搜索商品信息，比较挑选之后通过第三方支付平台付款（一些平台可货到付款），付款（严格上来说货款还没付给商家）之后，商家无论商品体积大小，都需要安排物流送货上门。虽然互联网营销并没有改变在商品贸易中"一手交钱，一手交货"这亘古不变的规则，但是从上述与线下购物不同的购物流程可以看到，"送货上门"已成为交易环节中不可或缺的重要部分。如果说互联网营销的交易方式是"商家送货上门"的话，传统营销就是"买家送钱上门"。在"送钱上门"和"送货上门"的区别背后，是贸易双方所处地位的不同。从给商家"送钱上门"，到等商家"送货上门"，在互联网营销中，用户（买家）在与商家的关系中相较于在传统营销中掌握更大的主动权。这种主动权的变化源于选择多元化、比较成本低、信息不对称少、商品非实物展示等方面。还有不可忽略的一点就是对于依托于虚拟平台的网购商家而言，用户的口碑至关重要。用户的口碑可以通过分级制（好评、中评、差评）或者评分制以非常直观的方式展现在商家的页面上。几个看似不起眼的低分或者差评都会对用户的购买行为产生负面影响。当然，传统渠道的商家口碑同样也是非常重要的，只是口碑的展现和传播并不会像网络上那样直观和快速。如果用户在线下超市或者商场中碰到不满意的情况，除非事态非常严重或有媒体介入，不然很少会有其他的用户了解和知晓。而用户如果在网络购物的时候碰到类似的情况，只要留下差评，即使问题再小，其他用户都可以看得到。所以网商在信息高度开放和透明的环境下必须要更加关注用户的购物体验及反馈，最大限度地满足用户的需求，以此来建立更为良好的口碑。传统企业在拓展互联网渠道的时候，一定要对自身和用户在贸易活动中的位置有一个清醒的认识。"以用户为中心的理念"在网络购物中不仅仅只是一个宣传的口号，而是在用户占据绝对主动权的贸易关系中所要切实执行的重要环节。

1.1.3 互联网营销中的关键问题

传统企业希望在网络渠道上开疆拓土最重要的还是要改变传统的思路，以一种开放、包容的心态去学习和了解不同的规则。当然，企业除了理解网络渠道和传统渠道的不同之处，进而采取不同的对策之外，对网络购物几个重要方面的认识以及对网络公关的合理利用也是非常必要的。

1. 平台选择

因为网络购物的低转化率，选择流量大、用户活跃、知名度高的平台是网商成功的重要前提。在目前国内的 B2C 领域里，按照市场份额排名靠前的综合百货类平台是天猫商城、京东商城、苏宁易购、亚马逊中国、当当网等。当然还有许多平台在各自的专营领域中排名靠前，例如化妆品领域的聚美优品、乐蜂网等。

2. 关键词搜索

让更多的用户可以更方便地找到你，是拓展网络渠道最重要的一个宗旨。文字搜索又是用户在网络购物时寻找商品的最主要的方法，如何让自己的商品可以被更多的用户搜索到就成了最重要的问题。在商品名称中添加额外的关键词无疑是解决这一问题性价比比较高的一种方式。当然，决定添加什么关键词的最重要因素并不是商品本身的特点，而是购买同类商品或相关商品的用户的搜索习惯。看似简单的文字游戏，实际上具有很高的技术含量，在有限的字数范围内能够具有选择性地加入最容易被搜索到的关键词，不仅需要对用户消费心理有准确的把握，同时还需要有一些联想的能力。另一个让更多用户找到你的方式是在网购平台上打广告，例如淘宝上的"直通车"。不过相较于广告，关键词搜索优化显得更加基础，适用范围更广，性价比也更高。

3. 文字图片展示

在网络购物中，因为商品非实物展示的销售方式，使得文字和图片变得格外重要。通过文字和图片的形式向客户传递商品的卖点信息，事实上给予了企业更大的发挥空间。因为相对于已经包装成型、不能改动的实物本身，文字和图片显然具有更多的创意和想象空间。企业完全可以把更多、更丰富的用户感兴趣的内容放到相应商品的文案和图片当中去，以调动他们的购买欲望。如果可以做好这一点，给用户留下良好的第一印象，就能为商品转化率的提升打下坚实的基础。

4. 客服沟通

在网络购物的过程中，用户与客服之间的沟通是必不可少的重要环节。沟通内容不外乎是了解商品、答疑解惑、讨价还价等几大类。对于商家来说，重视客服沟通环节，耐心细致地解答用户疑惑，在可能范围内尽量满足用户提出的合理要求，不仅可以在用户中积累良好的口碑，同时还可以更好地了解用户的消费心理，提升商品的转化率。简言之，做好客服沟通的环节就是解决用户问题以及反馈用户信息。

5. 物流配送

网购从传统的买家"送钱上门"变成卖家"送货上门"，物流配送自然是完成交易不可或缺的一个环节。阿里巴巴的马云牵头联合银泰集团、复星集团几大快递公司组建"菜鸟网络科技有限公司"，意图搭建全国性的物联网平台；京东的刘强东也不惜砸下重金构建自有物流体系。电商大佬们的一举一动都体现出了物流配送对于网络购物的重要性。大部分的网购商家都需要与第三方合作解决物流配送问题，针对用户安全和快速这两个最主要的诉求，在保证安全性的前提下，应与用户协商好发货时间，避免在这一环节出现不告知用户发货时间，或者协商发货时间和实际发货时间差别较大等问题。

6. 售后服务

售后服务这一环节主要是解决用户在收到实物商品之后所出现的问题。在这之后请用户做一个评价，除了打高分、给好评之外，再多写两句相对具体的正面评价。现在很多用户已不仅仅只看一个整体的评价，也会对具体的评价非常关注。相对于抽象的评分，对商品或商家具体的评价可以给用户更加形象和完整的印象，更高效地积累口碑，促进转化率的提升。

1.2 市场经营分析

1.2.1 市场经营分析的含义

市场经营分析的含义有广义和狭义之分。

广义的市场经营分析又名市场运营分析，它以企业的运营管理为分析对象，对市场、财务、资源、日常管理等方面的工作情况，进行分项分析、综合分析和综合评价。

分项分析是以市场、财务、资源、日常管理等工作中的某一个方面为对象进行的分析。综合分析是同时以市场、财务、资源、日常管理等工作中的某两个或两个以上的方面为对象进行的分析。综合评价则是全面衡量市场、财务、资源、日常管理等方面的工作，衡量评价企业运营管理的水平的分析。通过综合评价，可以了解企业运营管理的总体水平，并可以分析影响目前运营管理水平的正面因素和负面因素，发现企业在运营管理中存在的问题和机会，指导企业经营决策的制定，确定企业的经营重点。

综合评价的指标体系可以归纳为业务、营销、经济效益及资源效率等四大类，各大类又可以划分为几个方面，比如业务类指标可划分为发展水平和发展潜力两个方面；营销类指标可划分为营销效果和营销效率两个方面；经济效益类指标可划分为收益性、流动性和安全性三个方面；资源效率类指标可划分为人力资源效率、设备效率和网络效率三个方面。

狭义的市场经营分析（即市场经营分析）特指主要是以客户、营销、竞争等为分析对象，以对企业内部经营数据或客户消费数据的统计分析、数据挖掘分析等为核心手段，辅以市场调查、二手报告等，来评估企业市场经营状况、发现存在问题、揭示影响因素以及预测发展趋势，最终支撑企业经营决策和市场营销策略的制定的工作。与广义的市场经营分析比较，它不含财务、运维、资源、日常管理等方面的内容。

市场经营分析在企业运营分析中的定位：

1. 狭义的市场经营分析是广义的市场经营分析的组成部分

狭义的市场经营分析和财务分析、网络运营分析一道共同构成企业的运营分析。

根据分析对象，狭义的市场经营分析又由业务分析、客户分析、营销分析和竞争分析四大主题分析组成；而财务分析主要是了解企业资金利用效率的分析；网络运营分析则是了解网络运作效率的分析。

狭义的市场经营分析、财务分析和网络运营分析一方面分别以企业的四大类报表作为数据源，如统计报表、业务报表、四张财务会计报表和网络运营报表；另一方面，狭义的市场经营分析越来越多地依赖于数据仓库提供的数据源，没建立数据仓库的则会以生产管理系统，比如各类业务的计费系统（主要提供客户消费行为方面的数据）和营业系统（提供客户背景资料方面的数据）作为数据源；另外，作为内部数据的重要补充，统计局的统计指标、市场调查以及外部情报机构购买的信息也都是狭义的市场经营分析的重要数据来源。

2. 狭义的市场经营分析

从迈克尔·波特的五力模型中，可以发现影响企业利润的主要因素是客户和供应商的议价能力、替代品和潜在进入者的威胁以及企业在现有行业中的竞争地位。这实际上也勾绘出了企业市场经营工作的重点，就是对上述五要素进行管理。从企业实际情况来讲，日常工作主要是对业务、客户、营销、竞争的管理，因此，经营分析主要是以业务、客户、营销、竞争等作为分析对象，必要时，也涉及对供应商以及产品供应情况的分析。

（1）对企业来说，存在的实际情况是企业规模越大，供应商的砍价能力相对越弱，且大量的设备投资并不是经常的，因此，供应商的管理相对不太重要，一般不是日常经营的工作重点，但在特殊情况下，如新产品投入市场时，终端供应问题就可能成为阶段性重点，此时也需将供应商纳入分析。

（2）在激烈的竞争情况下，客户议价能力日益增强，对客户的分析、研究越来越重要，显然客户管理是日常市场经营工作的重点。

（3）企业取得的现有行业中的竞争地位一方面依赖企业现有的营销策略，另一方面与行业现有竞争者的策略紧密相关，因此，对企业现有营销组合的管理和行业内现有竞争者的管理是日常工作的重点。

（4）替代品、潜在进入者在技术发生变革时也会出现，作为竞争的表现形式，也是分析重点，应纳入竞争分析中一并管理。

本书论述的对象即为狭义的经营分析，我们称为市场经营分析。

1.2.2　市场经营分析的分类

按照不同的角度，可以对市场经营分析做不同的分类。

1. 按照经营分析对象分类

按照经营分析对象，市场经营分析可以划分为业务、客户、营销组合和竞争四大主题分析。

2. 按照分析工作的周期性分类

按照分析工作的周期性，市场经营分析可以分成常规分析和专题分析。

（1）常规分析：一般是指按照固定模板，每月只是动态地更新经营数据而进行的分析工作。

要了解一个企业的总体经营情况，有经验的管理者心里总是有一些类似 KPI 的指标，每个月看那几个指标，对企业当前的运营情况就大致"心中有数"了；"心中有数"落实在经营分析工作中，就是每个月持续、动态地跟踪了解几个方面的情况，从而把握企业总体经营态势，因此，常规分析经常跟业务分析对应，又称关键指标分析。

为了帮助管理者持续动态地把握企业的总体经营态势，做到心中有数，同时，为了将经营分析工作更有效率地开展，分析人员一般将这部分分析工作按照科学、合理的分析思路形成工作模板，根据最新的经营数据每个月更新模板中的有关信息，从而高速有效地形成企业每个月的常规分析工作。

当然，常规分析模板并非是一成不变的，它随着企业经营工作的改变而不断发生变化，以帮助管理者把控总体的经营态势作为主要内容，以揭示经营过程中存在的重点问题和机会作为最终目标。

（2）专题分析：相对于按照固定模板、周期性开展的常规分析，专题分析是指根据企业某一阶段的工作重点、热点或新产生的问题，临时开展的分析工作，可能支撑经营决策，但主要支撑营销策略制定。

专题分析相对于常规分析来说，更微观、更深入，经常针对企业新推出市场的某个产品跟踪、某项营销活动的评估、某类客户的消费特征刻画、某种经营问题来展开，能帮助市场经营人员客观评判某项经营情况并揭示其内在规律或原因，最终以支撑市场经营人员制定或调整专项营销决策为目标。

3. 按照分析手段分类

按照分析手段，市场经营分析可以分为定性分析和定量分析。目前定量分析的主要手段是统计分析和数据挖掘。

4. 按照分析所用到的数据粒度分类

按照分析所用到的数据粒度，市场经营分析可以划分为报表分析、账单级数据分析和清单级数据分析。

1.2.3　市场经营分析的内容

1. 分析内容设置

对于市场经营分析工作的开展来说，主题设置非常重要，应该符合以下三个原则。

首先，要求主题的设置符合系统性原则，即各个主题合在一起，能够满足企业经营管理或营销管理对于经营分析工作的支撑需要。

其次，要求主题设置符合独立性原则，即主题之间基本不会出现交叉，并且各自能够形成自己的内容体系。

再次，要求主题设置符合可操作性原则，由于市场经营分析的主题设置最终要落实在分析人员的工作分工上，所以要结合分析人员的专业发展考虑，避免出现分析主题的设置影响分析人员工作积极性发挥的问题。

需要强调的问题是，市场经营分析的主题设置对于企业数据仓库（市场经营分析系统）的建设也起到十分重要的作用。主题设置混乱，主题之间交叉严重，必然导致数据仓库的底层数据模型之间关系混乱或者存储重复，系统效率不高的问题。总结这些年来数据仓库建设失败的教训，主题设置不合理经常是一个非常重要的原因。

基于波特的五力模型，我们将市场经营分析划分为业务、客户、营销和竞争四大主题，具体内容详见 1.2.1，在此不再赘述。

从应用的角度来看，三大模块需根据企业经营管理或营销组织的实际需要将对象进一步细分，比如企业可将客户分为大客户、商业客户、公众客户和流动客户来管理，管理的内容又可分为分群管理、价值管理等，并需将客户分析模块最终落实到相应的客户分群主题、客户价值分析等主题上；业务或产品分析模块也同样需要进一步细分到各专业。

2. 业务分析

按照人们对一样事情的认识规律总结得到了关键指标分析五步法，主要包括发展状况分析、标杆分析、影响因素分析、发展预测以及下一步经营重点选择等内容。

（1）发展状况分析。

人们对一件事情的认识总是从当前这个时点上这件事情的情况怎么样开始的，对于关键指标分析来说，首先要分析的内容是：业务的发展状况如何？客户发展的状况如何？市场占有率如何？对于这些分析内容主要采取的分析手段是绝对指标和结构指标，一方面可了解业务的发展规模，另一方面可从结构指标揭示业务的构成。从这两个方面基本可以全面反映业务在某个时点的发展状况。

（2）标杆分析。

对一件事情的认识，在了解了某个时点上的情况之后，人们接下来要问的就是这种情况是否正常，因此，对于业务分析来说，第二步同样面对的是业务发展状况是否正常的问题。要解决这个问题，就需要通过标杆分析，客观地对现状进行评估，以了解现状与以往和目标的差距。根据标杆分析采用的基期不同，标杆分析结果可以用环比、定基比、同比或进度等指标来体现，从而帮助我们把握企业整体发展情况是否正常。需要强调的是，受到节假日以及长短月等季节因素的影响，电信业务的发展在一定程度上存在季节性因素，所以在标杆的选取上，越来越集中在同比分析上，而环比或定基比通常配合同比分析作为参考。

（3）影响因素分析。

对于一件事情的认识，如果知道了它的发展变化趋势，并且判断出它是不正常的，那么人们的下一个问题肯定是：是什么原因导致它不正常呢？因此，业务分析的第三个步骤就是分析导致业务发展异常的影响因素。对于影响因素的分析，常用的分析手段是统计学中的综合指数分析法，即把一个指标按照因子分解的方式分为几个能够连乘的因子，从而判断各个因子对这个指标的影响程度。我们经常用到的有二因子、三因子甚至四因子分解方法。

（4）发展预测。

在摸清楚一件事情目前的情况如何、情况是否正常以及如果不正常那么导致不正常的因素是什么之后，最后一个问题肯定是它今后会如何？因此，对于关键指标分析来说，最后一个分析内容就是要在现有情况下，预测这些指标或影响指标的关键因子在未来某个时点或某时段的发展情况，从而得出下一步需要改善的重点工作。通用的预测手段一般可分为时间序列法和回归法，时间序列法是通过一组足够多的历史数据，对未来时间的数值做预测；回归法是通过模拟一个函数的方法，通过自变量来推导因变量，从而对未来业务发展状况做出预测。在历史数据丰富的情况下，时间序列法采用较多。

（5）下一步经营重点选择。

根据上述分析，选择对未来影响大的关键指标或因子作为工作重点，以规避风险，把握机会。

3. 客户分析

客户分析以数据挖掘分析为主要手段，面向营销策略而制定。

根据客户生命周期的规律，可以依次设计客户分析的内容为：潜在需求分析、交叉销售分析、增值销售分析、客户签约分析、客户流失分析、客户价值分析、客户分群分析、客户信用度分析等。

（1）基础分析。

客户分群分析、客户价值分析、客户信用度分析对每一阶段均适用，是客户分析的基础工作。

客户分群模型：客户分群是指根据一个或多个客户属性组合把所有客户划分成不同的类，同类的客户具有最大的相似性，异类的客户具有最大的差异性。

通过对客户合理地类别划分，可以对客户总体构成准确的认识，这样会使对客户的服务和营销更具针对性。对客户分群可以达到如下目标：了解客户的总体构成；了解各种客户价值的客户群体特征；了解流失客户的客户群体特征；了解使用各种套餐的客户群体特征；了解各信用等级的客户群体特征等。客户分群后的结果可应用于：对不同价值分段的客户进一步细分以了解各个分段的客户组成，对流失倾向高的客户进一步细分以采取不同的挽留策略，对交叉销售的目标客户进一步细分以采取不同的行销策略。

客户价值分析：客户价值分析是指根据客户和企业的当前关系，分析单个客户和客户群对整个企业收益的贡献度。它包括两个部分：客户当前价值评分和客户潜在价值，前者通过客户现有价值与客户成本的数量计算得到客户的利润贡献度，它是分析客户对公司的贡献价值的一个较为准确的度量；后者主要通过输入客户的人口统计属性、客户的行为、客户的记账属性以及客户的扩张属性等变量，建立适当的数据挖掘分析模型，估计确定出未来的价值。客户价值是衡量一个客户对公司的利润或者贡献大小的标准，可以用于客户挽留和推出新方案时的目标客户群选择，是公司对客户进行争取、保持、市场营销活动等的重要依据之一。

（2）进入阶段分析。

在这个阶段，企业需要了解客户的需求，并设计出相应的产品满足客户的潜在需求从而获取客户，或是根据现有产品的特点，识别哪些客户可能感兴趣，对经营分析人员来说，主要的工作是后者。

（3）成长阶段分析。

当客户处在成长阶段，企业一般采取增值策略，希望促成客户价值的快速增长，因此这个阶段的分析内容主要是以增量分析及交叉销售为主。

增量销售分析：增量销售是指向顾客销售某一特定产品或服务的升级品、附加品，或者其他用以加强其原有功能或者用途的产品或服务。对运营商来说，经常是指在客户原有消费的基础上让其消费更多的量。

交叉销售分析：交叉销售是指企业向原有客户销售新的产品或服务的过程。交叉销售是对于现有客户的补充销售，是把主要产品和附加的产品或服务结合起来，形成一种更好的产品配套或更完善的解决方案，从而增加客户的价值。在这种情况下，客户的忠诚度有望提高。客户对企业有越多的需求，客户与企业的联系越紧密，防止客户转向别的公司的约束就越多，更重要的是这样可以增加利润。实践证明，将一种产品和服务推销给一个现有客户的成本远低于吸收一个新客户的成本。

（4）成熟阶段分析。

当客户处在成熟阶段，企业希望客户的成熟阶段持续时间越长越好。因此，一般采取客户保持策略或进行签约管理稳住客户，而支撑保持策略或签约管理的常用手段是客户忠诚度分析，通过对客户忠诚度的分析判断，找到客户保持的契机和隐患，更有针对性地实施客户保持策略，进行签约。

（5）衰退阶段分析。

客户处于衰退阶段，企业需要对客户采取挽留策略，以便客户能够重念旧好，回心转意。而支撑客户挽留策略的分析则是对客户的流失判断和对流失客户的预警。

了解客户流失的原因和特征，建立模型，预测客户流失对企业造成的损失和了解损失挽留措施的必要性，在客户流失前挽留住高价值客户已经成为企业关注的重点。

而对于流失问题来说，清晰地界定流失客户是流失分析的前提，流失判断分析的工作就是设计出一个标准，用来区分一个没有发话或发话减少的客户是流失了还是只是处于消费波动阶段。

4. 营销分析

企业营销管理流程可以归纳为四个环节：分析（Analysis）、策划（Plan）、执行（Do）、评估（Evaluate），简称 APDE 环节。

市场营销分析落实在营销管理流程中的各环节的分析工作，合称为营销分析，各环节分别有不同的分析内容和侧重。

（1）分析（Analysis）环节。

根据企业在某阶段的经营分析反映出来的问题，企业面对的热点有经营问题、新技术或竞争引发的问题，在了解客户需求的基础上，判断营销机会，是分析阶段需要完成的工作。分析的主要内容有：分析现状，发现问题；识别各种影响因素；识别营销机会；确定营销目标。

（2）策划（Plan）环节。

根据对营销机会的判断，在一定目标客户群范围内，策划营销活动或套餐，并根据对客户消费行为和特点的分析，确定营销活动或套餐的对象、形式、框架以及参数的取值范围，完成营销策划阶段的工作。分析的主要内容有：客户消费特点；营销参数设计；目标客户群定位；活动范围、时间。在营销参数的设计上，营销计划预演（Rate Plan Simulation）是一项十分重要的工作。通过营销计划预演，业务人员即可轻松地对以往的定价方案做出一定的调整，并可依据自身对业务的了解、对客户的了解、对以往定价方案实施效果的了解，填入相应调整后用户的成长率，预演出定价方案调整后的结果（用户人数以及总收入的变化）。

（3）执行（Do）环节。

在营销执行阶段，经营分析的主要工作是根据目标客户群的特点制定一定的规则，将此规则用于潜在客户群，从而落实目标客户清单，并通过派单来指导一线营销人员的营销执行工作。执行的主要内容有：目标客户名单派单；营销试点；营销指导和监督。

（4）评估（Evaluate）环节。

营销评估一般是将营销活动根据营销活动的两大目的——获取客户、保持客户设计为相应的分析内容，比如对于以获取客户为主要目标的营销活动，新客户发展数是评估的关键指标；对于以保持客户为主要目标的营销活动，则以客户流失趋势的变化作为主要指标来进行相应的评估。评估的主要内容有：对比活动用户的前后消费；对比活动用户和非活动用户的消费行为；对营销效果下结论；下一步优化建议。

5. 竞争分析

企业可以利用网络相关信息进行一些竞争分析，如对竞争对手用户发展情况、本企业用户使用竞争对手产品情况和竞争对手用户使用本企业产品情况等内容的分析。但是对一个企业来说，网络相关信息远远不足以支撑全部的竞争分析，要完成全面系统的竞争分析，还要结合情报体系获取的外部竞争数据。但在目前，由于外部数据不完整、非连续等特殊性，外部情报数据还不适合植入数据仓库，所以依照数据仓库开展的竞争分析的重点还是应放在网络相关信息的利用上。但是从发展趋势来看，结合两方面的数据源，进行深入分析必将成为竞争分析的发展趋势。

1.3 互联网影响下的市场经营分析

1.3.1 市场经营分析的发展

市场经营分析以支撑市场经营决策或营销决策为目标，其发展与企业经营管理、营销管理的发展，以及技术手段的进步息息相关。

从市场经营分析近十年的发展来看，迄今为止，市场经营分析的发展可分为三个不同的阶段：第一阶段，统计分析—固定报表阶段；第二阶段，统计分析—多维报表阶段；第三阶段，数据挖掘阶段。随着阶段的后移，企业的经营分析水平不断提高，经营分析对企业的支撑作用也越来越大。

目前，各企业由于技术条件和营销管理需求的不同，可能分别处于上述三个不同的经营分析阶段。对于营销管理需求单一、技术不成熟的省、市企业，经营分析尚处于统计分析的固定报表阶段，而对于一些发达的省、市企业，因为市场竞争激烈，客户需求多样，导致营销管理需求多样化，加上数据仓库和数据挖掘技术的不断发展，经营分析已进入数据挖掘阶段。总的来说，随着市场竞争的不断加剧，企业的经营分析将逐步向数据挖掘阶段迈进，对于现在处于第一阶段的企业，甚至可能会跨过第二阶段而直接进入第三阶段。

第一阶段：统计分析—固定报表阶段。

本阶段的经营分析工作主要是面向经营决策支撑，以统计报表、业务报表等作为主要数据源。由于报表维度的局限性，经营分析维度相对单一，分析工具主要以 Excel 为主，分析的对象主要针对企业的几个专业产品。

在这个阶段，企业有专门的经营分析人员，通常经营分析人员还兼有其他工作。部分公司开始对经营分析工作平台——数据仓库（市场经营分析系统）的策划、设计和建设进行尝试。

第二阶段：统计分析—多维报表阶段。

在本阶段，以企业成功建立数据仓库（市场经营分析系统）为标志，经营分析既面向经营决策支撑，也开始服务营销策略制定。

此时，固有的报表分析已不能满足经营分析的需要，数据仓库或数据库作为经营分析支撑的主要平台出现。以此为基础，作为经营分析原材料的维度、指标几乎可以随心所欲地进行灵活组合，并可深入到报表数据根本不可比拟的账单、清单级数据，除产品之外，分析人员有更多的条件来对营销效果和客户消费行为做进一步的分析和跟踪。

在本阶段，部分企业基于客户消费清单和账单建立数据仓库。部分企业虽然只是基于客户消费账单建成同样支撑经营分析的数据库，也被称为经营分析系统。

同时，在本阶段，经营分析成为企业的一个专门岗位，而且由于每月经营分析会的定期召开，这个岗位集统计分析、市场营销、数据库管理甚至演说家等专业于一身，成为领导询问最多、最锻炼能力、加班最频繁且极具挑战性的工作。

第三阶段：数据挖掘阶段。

在本阶段，以数据挖掘技术引入企业经营分析工作为标志。

以客户为核心，建立流失预警、客户签约管理、客户分群、目标客户定位、产品设计、营销效果评估等模型，提高企业营销工作的针对性、命中率，优化企业营销资源的配置，成为经营分析人员的日常工作。经营分析职能得到强化，此时，与精确营销管理的需求相适应，经营分析在企业的定位也从原支撑宏观经营决策为主转变为以对营销策略的支撑为主，分析对象也从原有的产品对象为主转变为客户、产品、竞争兼顾，并以客户为主。经营分析队伍也由一个岗位，扩展到一个团队，部分发达的、领先的公司甚至有一定人员组成的经营分析队伍来专门从事该项工作。

另外，随着企业数据仓库运作越来越规范、越来越成熟，对经营分析工作的支撑力度越来越大，加之长期注重经营分析方法、模型和模板的积累总结，经营分析人员的常规分析水平不断提高，投入精力减少，更多的精力将投入专题分析，尤其是数据挖掘模型的建立和应用，以实实在在地支撑企业精确营销工作的真正落实。

目前，企业真正处于数据挖掘阶段的还很少。一些企业主要处于统计分析—固定报表阶段，或者处于统计分析—多维报表阶段，一些大型企业处于统计分析—多维报表阶段，个别企业处于从统计分析—多维报表向数据挖掘过渡的阶段。

1.3.2 互联网环境下的数据搜集

数据的搜集是一个通常不是由经营分析人员直接开展但是需要经营分析人员密切配合的环节，其中有很多需要注意的地方。

企业内部数据的搜集通常由业务支撑部门负责，外部数据通常由专业的调查公司负责，但这并不意味着经营分析人员在提出数据需求之后就可以高枕无忧。经营分析人员必须时刻与数据获取人员保持紧密沟通，只有充分利用互联网，才能保证所搜集的数据是真正想要的，不会因为数据搜集反复而影响经营分析工作的按时保质完成。

在搜集数据阶段应该注意以下方面。

1. 内部数据搜集

（1）对字段含义的理解一致。

由于业务人员和技术人员对数据的理解通常会有一些差异，因此在搜集数据之前，需要与业务支持部门人员就数据需求进行详细沟通，由经营分析人员向业务支撑部门人员解释希望获取的每一个字段的详细含义，直到双方达成一致。在实际工作中，经常发生因为对字段含义的理解不同而需要重新提取数据的情况。

（2）对数据口径要求一致。

除了明确字段的含义之外，还需要对字段取值情况进行统一，主要包括取值范围、数据单位等。这一点在向多个统计部门提出数据需求的时候尤为重要，如果每个部门所采用的数据单位或者取值不相同，就会导致无法进行统计汇总以及对比分析的情况。

（3）字段分隔符。

分隔符使用不当是数据搜集工作反复的最主要原因，系统支撑部门通常会以文本的形式提交数据结果，而经营分析人员则需要将搜集的数据导入到工具中进行分析，如果分隔符选择不当，则会导致数据读取错行，无法进行分析。由于搜集的数据中某个字段的取值可能包含逗号，比如"单位名称""地址"等，因而逗号是最容易导致出错的分隔符。建议采用一些不常见的字符作为字段分隔符，如" ＊ "。

2. 外部数据搜集

（1）参与调查方案的设计。

在经营分析人员提出外部数据需求之后，调查公司依据需求设计调查方案，调查方案决定了最终将获得什么样的调查结果，因而经营分析人员必须与调查公司人员利用互联网反复沟通，以确保调查公司能够理解调查目的，并设计出合适的抽样方案、调查方案等。

（2）对调查问卷严格把关。

调查公司的调查问卷最终反映了调查公司对整个调查目的的理解，为了保证调查的有效性，经营分析人员必须仔细核查每个问题，看通过这些问题是否可以获得预期的数据，是否有不恰当或遗漏的地方，以及基于互联网调查的问卷，是否符合网上填答要求。

（3）对调查数据分析报告提出要求。

调查公司通过对调查数据的分析得到初始数据分析报告，为了使初始分析报告更能够满足经营分析人员的需求，经营分析人员需要根据分析目的，预先向调查公司提出数据分析报告的需求。调查公司根据要求，提供互联网形式的报告或正式报告。

总的来说，在数据搜集阶段，经营分析人员要与数据搜集人员保持良好的沟通，及时处理随时出现的各种问题，以确保数据搜集工作能够按照进度顺利完成。互联网是企业外部数据搜集、分析的重要渠道，调查人员应高度重视。

2 经营分析软件概述

本书以用友软件股份有限公司的 BQ 平台为例，介绍如何利用经营分析平台进行经营分析及各类统计。

2.1 用友 BQ 平台简介

BQ 全称 Business Quotient，是用友软件股份有限公司为企业研发的商业分析平台，针对企业报表以及各类统计分析遇到的诸多问题，经过多年发展形成的新一代满足中国企业应用的 BI（Business Intelligence）系统。同时 BQ 是集企业多系统数据整合、报表中心、分析中心、控制中心于一体的全方位 BI 解决方案。

2.1.1 用友 BQ 能做什么

用友 BQ 能够帮助企业把各类数据进行整合，根据不同人员的需要，将信息进行展示，灵活快速地响应企业管理变化，为企业搭建一套完善的辅助决策分析体系。对于任何层次的使用者，BQ 带来的价值都是不容忽视的：对于企业最高决策者，用友 BQ 能呈现出企业今年是否盈利，公司在市场中的价值体现；对于企业中层管理人员，通过用友 BQ 能时时查看销售团队的业绩，分析各销售区域的销售情况；对于业务人员，通过该平台能时时查看每种产品在各个地区的销售分析结果。

2.1.2 用友 BQ 架构图

用友 BQ 是完整的商业分析解决方案，因此它具有商业分析软件的标准流程，可以通过以下四个层次最终实现用户在数据处理方面的需求，如图 2-1 所示。

2.1.3 核心功能

1. 强大的数据整合能力

数据整合往往是 BI（Business Intelligence）工具的致命点，用友 BQ 可重点提供 1 800 多个 API 接口，便于快速整合不同系统或平台。其数据整合能力能够将企业的多业务系统进行整合，将多种数据来源进行统一，搭建起企业的数据中心，实现跨数据源、多数据源同时处理，使来自不同业务系统的数据可显示在同一报表中；同时，用户无需在不同位置切换，即可全面了解企业情况。此外，用

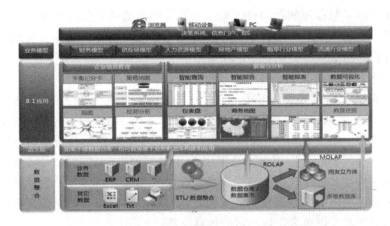

图 2-1　实现用户在数据处理方面的需求的四个层次

友 BQ 独创数据录入平台（ISP），具有数据录入、后台校验、分级审批、流程管理等数据在线填报功能，即使是业务系统中没有的数据，用友 BQ 也能够通过数据补录方式将数据采集过来，为后期的数据分析奠定良好的数据基础。

2. 可视化设计语义层

用友 BQ 提供了信息域用于可视化设计语义层，用类和对象来重组、重构数据库结构，提供一个面向业务人员的智能查询环境，方便企业用户按照实际需要对数据库信息进行分类管理，并且支持实现单点更新，即修改一处便可更新全部。

3. 随心所欲地查询数据

企业管理人员对数据及时性的要求往往很高，需要随时了解各种数据，但是 ERP 系统中有很多数据不能够及时提取出来。用友 BQ 能够结合 ERP 系统的应用情况为用户提供自助组合查询窗体，通过简单的拖拽即可满足不同用户对于数据即时查询的不同需要。

4. 复杂报表灵活制作

报表具有封闭性、表头复杂、多级分组、横纵项浮动扩展、行列填充、不规则性、数据计算复杂、数据来源复杂等特性，大大增加了报表开发制作的难度和工作量。用友 BQ 完善的报表功能能够灵活应对这些困难，使制作中国式报表更加的简单、灵活，报表中的内容也能够按照用户定义的参数条件来自动筛选填充，并且可与 Excel 无缝集成，同时还能够支持打印，导出.xls、.pdf 等格式。

5. 强大的文字报告功能

用友 BQ 的文字报告功能可与 Word 无缝集成，在预置的模板中，只需设定几个参数，很快便可得到一份企业所需的、图文并茂的 Word 报告，而这份报告通过传统手工方式可能要几个小时甚至几天时间，大大提高了工作效率，同时能够满足打印、导出备份的需要。

6. 支持多维报表

直观、功能丰富的界面和简单的操作，可帮助用户多角度、灵活动态地分析企业数据。既可从各种数据源创建 Cube，包括关系数据库、外部数据文件（文本、Excel等）、数据库的存储过程等，也可直接浏览微软的多维立方体，形成多维业务报表，通过钻取、旋转、切片、切块等多维数据分析功能，发现数据中的趋势和异常，给决策者提供科学的决策依据。

7. 量身定制个性化的企业分析模型及绩效管理

单纯地使用ERP系统已经不能满足越来越多的企业管理应用的要求，很多使用了ERP系统的企业领导都希望能够将数据进行更好的应用，为企业提供管理决策的数据支持。用友BQ以更加新颖的方式为企业搭建数据分析平台，用户可以提出符合自身需要的分析模型，基于用友BQ进行构造。同时，用友BQ能够根据企业应用构建多种绩效考核模型或者企业KPI指标分析体系，使管理者能够通过指标的关系变化情况，以及对从指标到明细数据的查询，建立快速反应的决策机制，为管理者提供更多、更丰富的信息支持。

8. 专业的数据分析手段

用友BQ通过报表透视、挖掘、钻取等手段，对报表数据进行分析，立体地解读各类分析模型、KPI管理模型。管理者通过点击某一个指标，其他相关联的指标就能够自动变化，反映出各种指标的关系；同时也可以通过向下进行挖掘，钻取某个指标的构成情况，逐层分析，直到获得最明细的数据。

9. 灵活的经营地图

用友BQ提供了全新的地图控件，能够满足用户在区域方面的各类图示需要。不仅能够自定义出任意区域图示，还能够绘出厂区地图、蜂窝图等各种涉及区域分布的图示，并且还预置了丰富的地图素材可供用户使用。

10. 丰富的图示化分析

用友BQ支持各种类型的统计分析图和仪表盘。采用Flash图形组成的图示化综合分析工具，能在第一时间提供组合信息给决策分析人员。而所有的统计分析图、仪表盘和地图均可简单灵活地集成在一起，使所见即所得。同样，智能报表、智能报告等也能够轻松加入集成，可在一个合并的报表中显示全部的BI内容，帮助用户以最快的速度做出正确的决策，从而提高企业的整体绩效水平。

11. 完备的示警、预警机制

用友BQ具有完备的示警、预警机制，不但能够满足企业对于关键数据的示警提醒，而且还能够将示警信息自动地发送到管理者的邮箱或手机，使管理者能够及时获取到相关信息。

2.2　BQ开发知识准备

在本节将介绍开发具体报表应用中的一些必备的基础知识，包括对常用对象、术语及开发流程的介绍，以便快速进行BQ商业分析平台的简单开发。

2.2.1　BQ术语解释

智能查询：指根据实际业务需要，定义查询对象并从数据库中检索所需数据的过程。智能查询是BQ应用唯一的取数接口。

智能报表：指基于智能查询产生的查询结果，生成各种形式的报表，从大的类别主要分为表格式和排版式两种。表格式智能报表提供了与 Excel 完美整合的机制；排版式智能报表更灵活、更高效、更丰富。

智能报告：智能报告利用 Microsoft Word 功能完成报表的制作，达到简、易、强的效果。它在 Microsoft Word 的基础上开发，与 Word 无缝集成，充分利用 Word 的强大文书功能，通过智能查询，可实现从各种数据源获取数据，并整合成一张报表。

多维报表：多维报表主要适合于制作对报表格式无要求，而对数据分析及挖掘有相当要求的报表。

窗体：是实现 BQ 可视化分析的重要展现平台，其采用所见即所得的设计模式进行开发并提供了丰富的展现元素和足够灵活的定制方式。

目录：存放对象的一个节点，可以把它想象成一个文件夹。

数据源：是 BQ 与数据库的一个连接通路，是它们之间的桥梁。

信息域：也叫语义层或业务视图，是对数据源中数据结构面向业务的映射。

经营地图：是 BQ 提供的用于构造数据地图的一种控件，是一种展示数据的方式。

可视化分析：又叫综合分析、EIS 等，它将相关联的数据、报表、仪表盘、和图形等组织在一起，通过数据、对象间的联动、钻取来实现快速的、多角度的数据查看、追踪和挖掘，从而辅助决策者做出正确的判断与决策。

2.2.2 BQ 开发流程

任何一个 BQ 应用的开发都遵循以下流程，如图 2-2 所示。

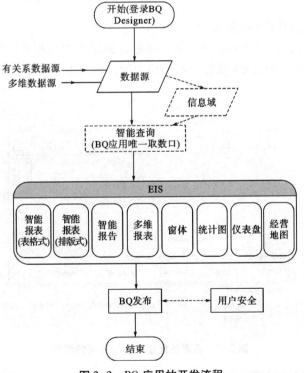

图 2-2 BQ 应用的开发流程

2.3 软件概述

2.3.1 数据源

1. 新建数据源对象

在"系统共享区"目录树中找到【关系数据源】节点位置，右键选择【新建数据源】，如图2-3所示。

图 2-3　新建数据源

2. 设置数据源的相关配置项

在第一步点击新建之后，进入如下界面对数据源进行相关项的配置，在本例中以创建 SQLSERVER2005 数据库数据源为例，如图2-4所示：

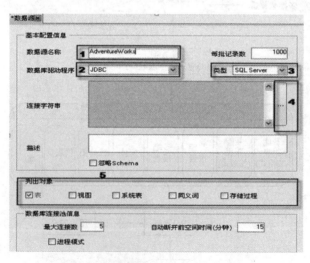

图 2-4　设置数据源进行相关项的配置

Step1：配置数据源名称，根据用户自己的实际需要定义有意义的名称。

Step2：数据库驱动程度的选择，在 BQ 平台中此处固定选择"JDBC"。

Step3：类型选择，因为此实例中连接的是 SQLSERVER 数据库，所以选择"SQLSERVER"。如果您创建的源数据库为其他类型，请选择相对应的正确类型。

Step4：连接字符串的配置，如上图标注的第四处，点击 ⋯ 进入配置页面选择正确的 JDBC 驱动程序、数据库 URL 及用户名，填写完毕后点击确定。

Step5：选择【列出对象】，在此例中选择"表"。

Step6：关闭数据源窗口，会出现三个选项，选择【查询/更新指定 Schema 下的对象】，点击确定，至此完成数据源的新建。

2.3.2　信息域

1. 新建信息域

在系统共享区中右键点击"信息域"，选择新建【信息域】。

2. 关联数据源

Step1：从数据源（Northwind）中直接拖入数据表。

Step2：进行正确的表关联。

双击线条，可以对表的关联进行自定义修改，也可以右击线条，进行相应设置。

3. 新建类

右键点击信息域节点，选择【新建类】，根据业务需要定义类名。

4. 新建数据对象

在第三步中创建好类之后，右键点击类节点选择【新建数据对象】。

5. 新建数据对象的另一种更便捷的方式

新建数据对象也可通过直接从数据表中拖入的方式实现，拖入之后再去修改名称为业务名称。操作方法：在数据表上选择要创建为数据对象的字段，（按【CTRL】可进行多选），然后拖放到刚刚新建的订单类下面。

Step1：拖入字段。

Step2：拖动之后看左侧信息域的变化。

Step3：修改字段名为有实际业务含义的名称，双击相关字段进行修改。

2.3.3　智能查询

1. 新建智能查询

在"系统共享区"目录树中，找到欲创建查询的位置并右键点击新建。

2. 选择创建智能查询的方式

在此实例中选择"基于智能查询的构造器"。

3. 设计查询

在第二步确定以后，进行查询的具体设计工作。

Step1：将要查询的对象从【信息域】中拖入。若无【信息域】，则直接从【数据源】中拖入数据对象，并对其进行设置。

Step2：根据订购日期进行降序排序，双击数据排序区的"订购日期"后的""实现更改升序或降序。

Step3：在查询条件区设置【查询条件】，拖入"货主地区"，输入"="之后，单击右键，选择【新建参数】，也可在右侧工作区的参数节点下进行新建，"货主城市"参数的建立同理。"货主地区"参数设置：将【信息域】—【销售信息库】—【客户】—【地区】参数设置的对象区。"货主城市"参数设置：参数值来源选择 SQL 的方式，手动写 SQL。

4. 刷新数据并设置格式

刷新后可得到结果。如图 2-5 所示：

	订购日期	销售员	货主名称	货主地区	货主城市	产品名称	单价	金额
1	1996-10-25	郑建杰	王俊元	华北	石家庄	猪肉	31.2	624
2	1996-10-25	郑建杰	王俊元	华北	石家庄	黄鱼	20.7	310.5
3	1996-11-5	李芳	王先生	华北	石家庄	猪肉	31.2	1010.8799983263
4	1996-11-5	李芳	王先生	华北	石家庄	白米	30.4	608
5	1996-11-27	李芳	胡先生	华北	石家庄	民众奶酪	16.8	403.2
6	1996-12-9	张颖	刘维国	华北	石家庄	温馨奶酪	10	398.9999996870076
7	1996-12-25	张颖	徐先生	华北	石家庄	山渣片	39.4	394
8	1996-12-25	张颖	徐先生	华北	石家庄	龙虾	4.8	48
9	1997-2-21	张颖	王先生	华北	石家庄	苏打水	12	269.99999552965
10	1997-2-21	张颖	王先生	华北	石家庄	玉米片	10.2	137.699999772012

图 2-5　刷新后结果

在金额的数据列上点击右键，选择【格式设置】，在弹出的对话框中选择【数值】对金额进行设置，选择相应的【货币符号】，即可达到最终效果。

2.3.4　表格式智能报表

1. 新建表格式智能报表

2. 为报表新建智能查询

在右侧【工作区】查询节点位置右键点击新建智能查询。智能查询的创建方法参见智能查询文档介绍的实例。设计完成后刷新数据并保存。

3. 新建公式

回到智能报表，在右边工作区新建公式，表达式中新建前台函数，@ Concatenate 用来连接字符串，@ Parameter 用来获取参数值。效果如图 2-6 所示。

图 2-6　新建智能查询

4. 绘制报表格式

Step1：在相应的区域进行设置，在日期位置，右键设置为【计算域】，并将公式拖入。

Step2：在下方区域设置为【数据域】，并将查询拖入，右键点击该区域，勾选【自动扩展】和【显示标题】。

Step3：【自动扩展】弹出对话框，根据需要进行区域选择。

5. 保存刷新数据并设计表格的样式

保存并刷新数据，设置完表格的样式后便可达到最终效果（与平时设计 excel 表格的操作方法一样）。

2.3.5 排版式智能报表

1. 新建动态报表

在系统共享区或个人共享区的任一文件夹中，右键点击鼠标"新建"，在弹出的快捷菜单中选择"智能报表（排版式）"

2. 创建查询

此时先建立查询，即通过查询从数据源中获取报表中要展示的数据。方法：在右侧"工作区"中右键点击"查询"，选择"新建查询"。

3. 设计查询

查询构造方法请参考智能查询介绍部分，查询设计视图，如图 2-7 所示：

图 2-7　查询设计视图

4. 刷新查询

刷新数据得出查询结果，保存并关闭查询。

5. 设计报表

Step1：回到报表编辑界面，先做报表顶部参数部分的值。做法与前面几个例子相同，只是动态部分需直接拖放工作区中的参数集中的参数（查询中的参数会自动出现在动态报表编辑工作区中的参数集中）。

Step2：报表下边内容因为排版规则，可以使用数据表的方式直接完成，无需对一个个排版项进行排列。方法：点击快捷工具栏上的"数据表"按钮，会有虚框跟随鼠标，在报表编辑区域的目标位置点击鼠标左键，会有一个数据表的窗口出现在报表编辑界面中。

Step3：直接将右侧工作区中的"查询"中的整个查询拖放进来，或拖放查询中的部分数据列。

Step4：点击"确定"按钮，系统弹出报表内容，选中每一个单元格也可以对其进行格式设置，如背景、字体等的调整。

Step5：这种方式基本不需要设置排版项属性，如果想要报表参数部分（即step1内容）在每页都显示，可将此部分设置为"持续显示"。

Step6：刷新报表时会弹出参数输入框，输入相关的参数后点击确定，刷新报表数据，得到结果。

Step7：点击 切换到报表设计界面，点击菜单"数据"下面的"参数界面设计"，用户可以对参数界面做个性化自定义。

6. 参数报表设计完成

2.3.6　智能报告

1. 新建智能报告

在系统共享区中右键单击任意文件夹节点，新建【智能报告】。

2. 报告模板

在智能报告设计界面编写报告表样（同在 Word 中编辑文档一样轻松）。

3. 新建数据查询

在本实例中需制作两个查询【销售员排名】【地区销售情况】，智能查询的数据源取自于【信息域】。

Step1：完善信息域。

首先查看您的【基本功能演示】—【信息域】—【销售信息库】—【订单】是否存在"年""月"两个数据对象；若不存在则需创建，方法可参考信息域文档。最终"年""月"两个参数的设置如图 2-8 所示。

Step2：建立智能查询。

【销售员排名】智能查询的设置：

①对查询对象区的【金额】进行求和。

②对数据排序区的金额直接将查询对象区的【金额】拖动过来即可，并进行倒排序（排序方法为双击金额后的图标 ，显示为 Z-A 即为倒序）。

【地区销售情况】智能查询的设置：

①对查询对象区的【金额】进行求和。

②对数据排序区的金额直接将查询对象区的【金额】拖动过来即可，并进行倒排序（排序方法为双击金额后的图标 ，显示为 Z-A 即为倒序）。

4. 数据绑定

Step1：绑定参数数据，将【工作区】"年""月"两个参数绑定到报告中"年""月"的位置。

Step2：绑定公式数据。

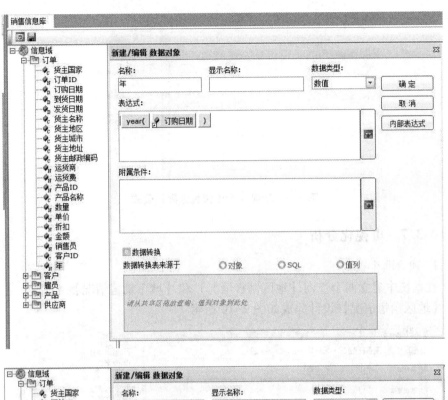

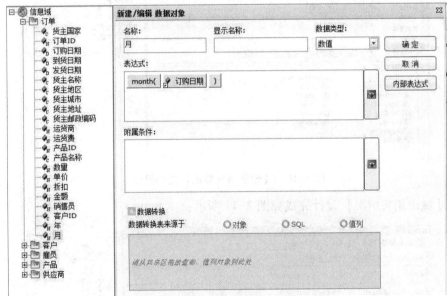

图 2-8　"年""月"两个参数的设置

在报告中的第一部分，如销售金额、地区、地区销售金额及其在全公司的占比等几处需要绑定公式获取数据，所以要创建四个公式来获得所需数据。

①创建公式方法：在【工作区】右键单击公式节点。

②各公式的设置：新建【全国销售金额】公式，设置如图 2-9 所示：

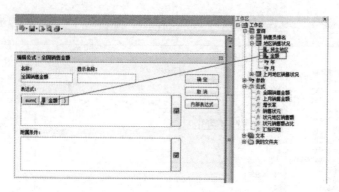

图 2-9　新建【全国销售金额】公式

2.3.7　可视化分析

1. 建立两个查询

在系统中建立两个查询【地区销售情况】和【城市销售情况】。

【地区销售情况】设计完成如图 2-10 所示：

图 2-10　【地区销售情况】查询设计

【城市销售情况】设计完成如图 2-11 所示：

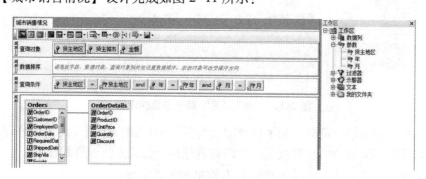

图 2-11　【城市销售情况】查询设计

注：以上两个查询的【金额】均要进行求和，实现方法为右键点击金额选择"求和"。

2. 创建窗体

在系统共享区任意节点右键新建【窗体】。

3. 设计窗体

Step1：依次将窗体中用到的控件拖放到窗体中，在工具栏上点击相应的控件并拖入窗体，控件描述如下：

分组框：

编辑框：

格式标签：

图表及刷新按钮：

Step2：设置窗体中各控件属性。

分组框：

①由于窗体中用到了三个分组框，在下一步调整窗体布局过程中会出现比较难选中分组框内控件的状况，所以首先应将三个分组框置顶，操作方法为分别选中各分组框并右键选择【置于底层】。

②Text 属性：设置分组框标题名称。

③TextColor 属性：设置分组框标题字体颜色。

编辑框：分别设置两个编辑框（年、月），右键点击编辑框选择【属性页】。

富格式标签：

窗体中有两个富格标签：年和月，此控件重要属性描述如下：

①Style 属性：设置富格式标签的显示风格（如本例中设置为 0-None）。

②Text 属性：设置富格式标签显示文本（如本例中分别设置年和月）。

③TextColor 属性：设置富格式标签显示文本的字体颜色（自行设置即可）。

④Font 属性：设置富格式标签显示文本的字体格式（自行设置即可）。

刷新按钮：此控件是产品封装好的功能按钮，无需进行特别设置。

图表：

①首先将第一步建立的两个查询【地区销售情况】和【城市销售情况】分别拖放到窗体中，在弹出的一个对话框中选择"是"。

②拖放完毕后在窗体中会看到两个数据集图标如 "▦"，分别修改两个数据集的 Name 属性（选中图标，在右侧的属性区进行设置）。【地区销售情况】数据

集的 Name 改为：DsRegion，【城市销售情况】数据集的 Name 改为：DsCity。

Step3：设置图表属性。

在本例窗体中用到了两个图表，一个是用来显示地区销售情况，另外一个是用于显示城市销售情况，并且两个图表是可以联动的。

"地区销售情况图表"属性设置

ChartType：设置图表显示形式（设置为 1-Pie）。

NumberFormat：设置数字显示格式（设置为##，##.00）。

选中图表右键选择【属性页】，设置如图 2-12 所示：

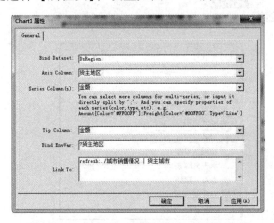

图 2-12　"地区销售情况"属性设置

"城市销售情况图表"属性设置

ChartType：设置图表显示形式（设置为 2-Column）。

NumberFormat：设置数字显示格式（设置为##，##.00）。

选中图表，右键选择【属性页】后设置。

注：其中 Link To 也可通过选中图表，右键选择【链接到…】的方式实现。

Step4：调整窗体布局排版。

调整后的最终界面如图 2-13 所示：

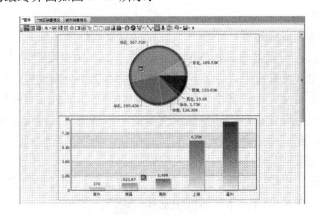

图 2-13　最终界面

4. 刷新数据显示窗体

Step1：点击工具栏的刷新数据按钮""即可显示数据。

Step2：可以输入年和月的参数，点击""来查询指定年月的数据。

Step3：在地区销售情况的饼形图上单击相应区域，会发现下方的城市销售数据为该地区下的城市数据，即可实现两个图表联动的效果。

2.4 案例

统计大区销售数量和总价、城市销售数量和总价；通过柱状图和饼图在窗体中完成展示，点击大区板块，对应城市数据也同步展示。

具体操作步骤：

Step1：右键点击根目录，新建目录。

Step2：右键点击重命名目录名称——BQ 教学。

以此类推，按图 2-14 所示，建立分类目录。

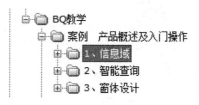

图 2-14 新建分类目录

1. 信息域

选中信息域文件夹，右键新建【信息域】。

2. 数据准备

本案例只使用到关系数据源中 Northwind 下的数据。

（1）选中信息域【练习】，右键选择【新建类】，修改名称。

（2）增加【订单统计】分类到关系数据源中，选择需要的表，点击左键不放，拖拽到右边红框区域。如图 2-15 所示：

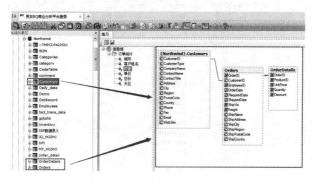

图 2-15 新建类"订单统计"

（3）选中表中字段 City，拖拽到类【订单统计】上。

选中不同表的字段，建立关联关系：左键选中 Orders 表中 CustomerID，拖拽到 Customers 表中，在 CustomersID 上，完成连接。如图 2-16 所示：

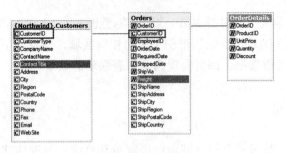

图 2-16　新建表连接关系

通过双击字段，在弹出的窗口修改名称，以此类推，选择需要的数据信息。

对于新建类，双击进行如下表达式设置：更名为【总价】，选择数据类型——【数值】，如图 2-17 所示，点击保存。

图 2-17　新建数据对象"总价"

3. 智能查询

（1）新建查询，如图 2-18 所示：

图 2-18　新建智能查询

（2）选择基于智能查询的构造器。

①选中智能查询——【大区求和统计】，保持在设计视图下。如图 2-19 所示：

图 2-19 "大区求和统计"设计视图

②将信息域中的字段，拖拽到查询对象区域，右键，更名。

③对于数量和总价进行求和设置：右键，求和。如图 2-20 所示：

图 2-20 设置"数量"求和

（3）设置智能查询"大区联动到城市"

①选中大区联动到城市，如同【大区统计求和】，在信息域中拖选查询对象。如图 2-21 所示：

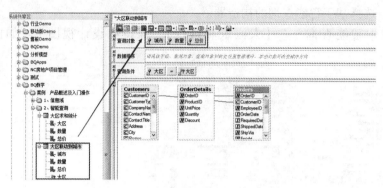

图2-21　"大区联动到城市"设计视图

②选中大区联动到城市，在查询条件区域，拖拽【大区求和统计】中"【大区】="，右击添加新建参数【大区】，如图2-22所示，点击保存。

图2-22　新建参数"大区"

4. 窗体设计

（1）新建窗体，如图2-23所示：

图2-23　新建窗体

（2）制作标题栏。

选择富格式标签，如图 2-24 所示：

图 2-24　制作标题栏

选中编辑区域中的【大区求和统计】，编辑右边属性区的标题等属性。如图
2-25所示：

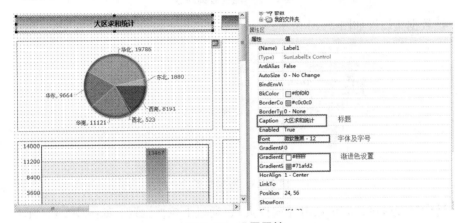

图 2-25　设置属性

（3）设计饼形图

选择图形的属性为饼图，也可以选择柱形图，即更换属性 ChartType。如图
2-26所示：

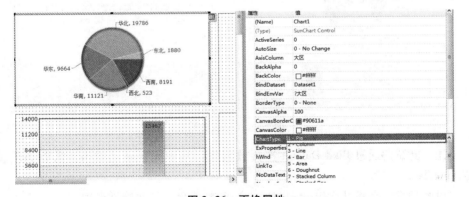

图 2-26　更换属性

拖放【大区求和统计】查询对象，作为数据集。如图 2-27 所示：

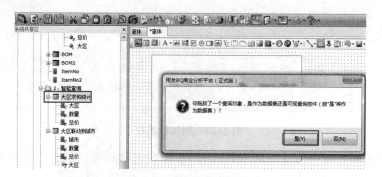

图2-27　施放查询对象

该数据集属性如图2-28所示：

图2-28　数据集属性

选中饼图区域，右键点击【属性页】，通过下拉框设置。如图2-29所示：

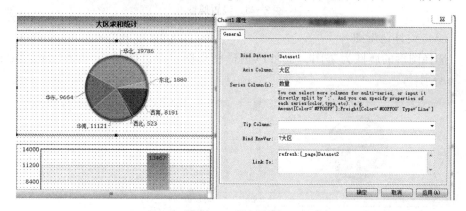

图2-29　设置属性

注：此饼图通过 Bind Dataset 连接数据集；其中大区联动城市，需要如图设置 Link To。

以此类推，完成【大区联动到城市】的数据集拖拽和属性设置。

3 信息域

3.1 信息域的概念

信息域也叫语义层或业务视图，是对数据源中数据结构的面向业务的映射。它是数据库的语义层，具体是指从业务数据源中挑选出与某项业务相关的信息，并对其进行重新分类及命名。它将用户同数据库及查询语言的技术细节隔离开来，使用其熟悉的业务用语重新管理和命名数据库里的数据，便于用户更快地捕捉数据库信息。

3.2 信息域的作用

用户利用 BQ 软件创建信息域，可以发挥以下作用（见图 3-1）：

（1）将数据库中的表及字段改为有意义的业务术语，从而使最终用户不需要依赖 IT 人员即可轻松构建查询和报表。

（2）能按用户习惯，对数据库信息进行分类管理（如检索和确认所需要的资源）。

（3）预建表关联（以后做查询，报表不必再建）。

（4）将复杂统计表达式作为单个对象，像使用字段一样方便查询和做报表。

（5）实现单点更新，修改一处，更新全部。

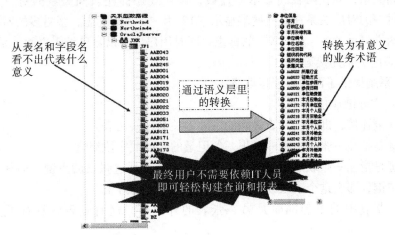

图 3-1　信息域的作用

3.3 术语定义

1. 数据对象

信息域中每个数据对象都对应数据源中的一个数据集合（可以是一个字段或几个字段的组合），它描述了某方面业务数据的某个具体特征。数据对象名称通常使用业务或行业的术语。

例如，对一个人力资源的经理而言，数据对象也许就是雇员编号、雇员姓名、地址、电话、基本工资或资金等；而对一个销售经理来说，数据对象也许就是订单编号、订购日期、单价、数量、金额、货主名称、货主地址等。在 BQ 产品信息域中，不同类型的数据对象在图标中用不同的字母显示：N 表示数值型对象，D 表示日期型对象，C 表示字符型对象，B 表示二进制型对象。

2. 类

类是信息域中数据对象的逻辑分组，体现了数据对象的类型和种类，反映了数据对象的共同属性。例如，在雇员信息域的雇员资料类中，包含了有关雇员资料的数据对象（雇员编号、雇员姓名、出生日期、地址、电话等），这些数据对象具有共同的属性，都表示雇员的详细资料。

类还可以分为子类，子类是对类的进一步细分。例如，雇员信息域的雇员工资类可以细分为应得工资子类和应扣工资子类，其中应得工资子类可以包含部门编号、基本工资、奖金等数据对象，应扣工资子类可以包含部门编号、应扣保险金、公积金等数据对象。

3. 表间关系

表间关系是一种连接操作，当需要从几个表中收集和操作数据时，表间关系用于为多表连接查询构造连接条件。建立连接的目的是限制对多个表查询的结果集，这样可以防止笛卡尔积的产生。

在选择了需要的表后，系统能自动为具有同名同类型字段的表（即相关表）建立表间关系，并在两表间显示一连线，该连线还标注表间关系的对应关系类型：一对一的对应关系在连线两端显示"1"和"1"的标志，多对多的对应关系在连线两端显示"N"和"N"的标志。同时用户也可以自己编辑表间关系。

4. 表间关系连接策略

BQ 系统提供了两种表连接策略：

（1）主外键连接。

主外键连接，即根据两表之间的主外键关系连接两表。

主键是指在一张表中唯一标识一条记录的字段或字段组合。

外键是指在一张表中，某个字段或字段组合不是这张表的主键，但却是另一张表的主键，那么这个字段或字段组合称为这张表的外键。

当一张表中的主键同时是另一张表的外键时，这两张表就具有了主外键关系。

注意：

①能否建立主外键连接的前提是对数据库里的表设置了主键，否则主外键连接不起作用。

②对于不具有主外键的数据库，如 Oracle 数据库，主外键连接不起作用。

（2）同名同类型字段连接。

同名同类型字段连接，即根据两个表中具有的相同标识、相同类型的字段连接两表。一般系统默认采用同名同类型字段连接，用户如果要修改连接策略，应先选中两表间的连线，然后单击鼠标右键，在弹出的快捷菜单中选择"按主外键重建表关系"命令（如图 3-2 所示），系统将会自动为具有主外键关系的表建立连接。

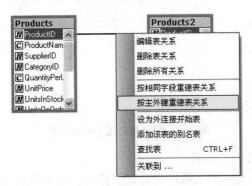

图 3-2　主外键连接表间关系

3.4　新建信息域

在系统共享区中右键点击"信息域"，选择新建【信息域】。如图 3-3 所示：

图 3-3　新建信息域

3.5 关联数据源

关联数据源的操作步骤包括：

Step1：从数据源（Northwind）中直接拖入数据表。如图 3-4 所示：

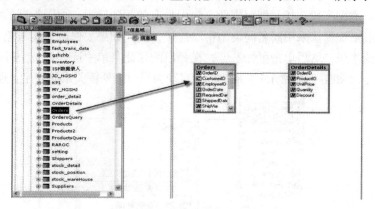

图 3-4　创建信息域中的数据表

Step2：进行正确的表关联。

双击线条，可以对表的关联进行自定义修改，也可以右击线条，进行相应设置。如图 3-5 所示：

图 3-5　建立数据表关联

3.6 新建类

信息域中【类】的概念可理解为表右键点击信息域节点，选择【新建类】，根据业务需要定义类名，如图 3-6 所示，如本例中取名为"订单"。

图 3-6 新建类

3.7 新建数据对象

新建数据对象有两种操作方式。

方式一:

信息域中【数据对象】的概念可理解为在表的字段第三步中创建好"类"之后，右键点击类节点选择【新建数据对象】。如图 3-7 所示:

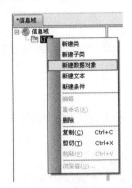

图 3-7 新建数据对象

在弹出的"新建/编辑 查询对象"选项框中对新建数据对象进行名称、显示名称、数据类型、表达式及附属条件的编辑。如图 3-8 所示:

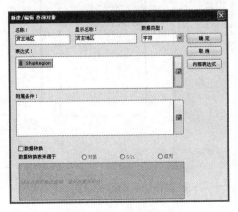

图 3-8 编辑数据对象

方式二：

新建数据对象也可通过直接从数据表中拖入的方式实现，拖入之后再去修改名称为"业务名称"。其操作方法为：在数据表上选择要创建为数据对象的字段，（按【CTRL】可进行多选），然后拖放到刚刚新建的订单类下面。如图3-9所示：

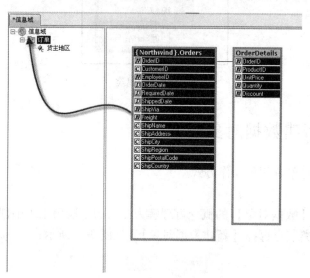

图3-9　批量新建数据对象

具体步骤如下：

Step1：拖入字段。

Step2：拖动之后看左侧信息域的变化。如图3-10所示：

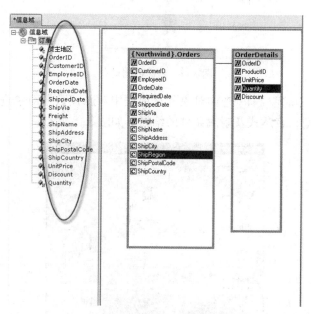

图3-10　左侧信息域的变化

Step3：双击相关字段修改名称，修改字段名为有实际业务含义的名称。

Step4：保存修改后的数据对象名称，形成最终的信息域。如图 3-11 所示：

图 3-11　创建信息域的最终结果

3.8　表及字段名更改

若需要对数据表及字段名进行更改，首先应做好数据准备，即新建一个 Excel 文档，列名分别为表名、表字段以及字段描述。

具体操作步骤如下：

Step1：在工具栏中选择"系统设置"下的"对象显示"功能框，根据需要设置下面的四个按钮，它们分别代表了数据对象的显示方式。如图 3-12 所示：

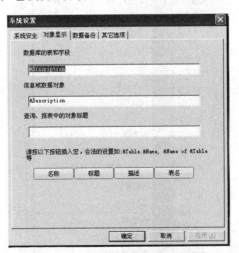

图 3-12　设置数据对象的显示方式

Step2：制作一个 Excel 表格，并且分别定义字段、表名、描述。如图3-13 所示：

图 3-13 制作 Excel 表格

Step3：将 Excel 表格保存后作为一个查询导入（参见"智能查询"）。如图
3-14所示：

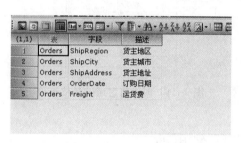

图 3-14 导入 Excel 表格

Step4：保存后，在系统共享区内，右键点击数据源名称，选择"批量设置表
和字段描述"。如图 3-15 所示：

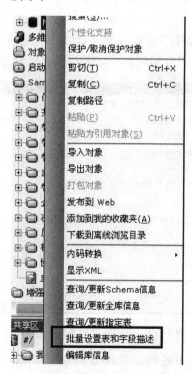

图 3-15 批量设置表和字段描述

Step5：将做好的查询拖入弹出的对话框中。

注意：查询的字段顺序设置应该对应提示中的顺序——表名、字段名、字段描述。如果是表，则为——表名、表描述。如图 3-16 所示：

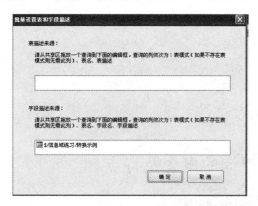

图 3-16　拖入查询对象并设置字段描述

Step6：再将"对象显示"下的"数据库的表和字段"设置为"描述"，用来将表和字段显示为自定义的描述。如图 3-17 所示：

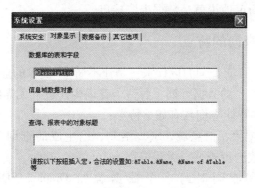

图 3-17　设置数据库的表和字段

Step7：点击确定后，重新启动 BQ 平台，查看数据源中的 Orders 表，汉字的部分即为先前设置的对象。如图 3-18 所示：

图 3-18　数据对象更改后的结果

4 智能查询

4.1 智能查询的概念及特点

4.1.1 智能查询的概念

智能查询是指根据实际业务需要，定义查询对象并从数据库中检索出需要的数据的过程，同时在查询过程中完成对数据的清洗、过滤和转换等，以得到用户最终需要的数据。简单地说就是数据提取接口。

4.1.2 智能查询的特点

在 BQ 产品中，智能查询的设计宗旨是让不懂 IT 技术的业务人员能够自由方便地完成业务当中需要的数据查询，而整个查询构建过程无需编程。

在 BQ 产品中的智能查询具有如下特点：

（1）可基于数据源、信息域、SQL 语句、已生成的查询、文件、Excel 和数据库存储等多种方式进行查询，无需编程。

（2）一个查询能同时跨多个数据源如 Oracle、SQL、DB2、Informix、Progress、Sybase、RDBMS 等（注：此功能一般来说适合于 IT 或信息部有数据库使用权限的人员使用，业务人员通常是通过基本信息域或业务视图做查询）。

（3）在查询内支持脚本编写。

（4）可视化编辑查询条件，条件编辑过程使用自然语言。

（5）查询数据结果包括查找、过滤器、输入参数、升降排序等。

（6）查询结果的数据格式设置。

（7）查询结果界面可灵活设计其界面美工，用户可完全 DIY。

（8）设置查询参数功能，不同参数刷新不同数据，同时参数界面可以自定义设计，能满足所有查询参数界面的设计。

（9）具有强大的示警功能，能基于预定条件发出预警 e-mail、windows message、启动其他系统等示警功能，并有示警运行日志，方便用户检查。

（10）设有独立打印机，查询结果在导出打印时不会变形。

（11）查询结果可输出为 Microsoft Excel、Pdf、Html 和 Txt 等常用格式。

（12）能在 Web 界面中调用其他 ActiveX 控件，例如 WinFax、Windows Media

互联网营销市场经营分析理论与实务

Player 等，大大加强了展示和系统功能，已远超于一般查询的功能范围。

4.2　构建智能查询的方式

新建一个智能查询，选择要建立智能查询的目录，右键选择新建下的"查询"。如图 4-1 所示：

图 4-1　新建智能查询

在 BQ 系统中，数据来源决定了查询构造方式。一般智能查询可提供以下几种构建查询的方式：

（1）基于智能查询构造器查询：BQ 中最常用到的查询构造方式。

（2）基于查询语言（SQL）：输入 SQL 语句进行查询，其中的表和字段可从系统共享区的数据源拖放到语句中。

（3）从文本文件导入数据查询：通过导入文本数据（＊.txt）建立查询。

（4）从 Excel 文件导入查询：通过导入 Excel 数据（＊.xls 或 ＊.csv 等）建立查询。

（5）基于数据库存储过程的查询：通过直接调用数据库中已存在的有返回结果集的存储过程建立查询。

（6）基于查询的查询：基于共享区中已经存在的查询建立查询。

（7）基于 Web 服务的查询：通过 SOA 总线服务建立查询。

选择"查询"后会提示将要构建智能查询的几种方式。如图 4-2 所示：

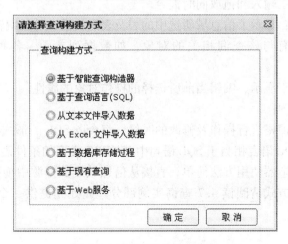

图 4-2　智能查询的构建方式

4.2.1　基于智能查询构造器查询

基于智能查询构造器建立查询是 BQ 产品中最常用的查询方式，操作方法简单，只要通过简单的鼠标拖拉方式即可完成各种简单或复杂的查询工作。

在查询方式中，选择基于智能查询构造器，会弹出如图 4-3 所示的查询编辑界面：

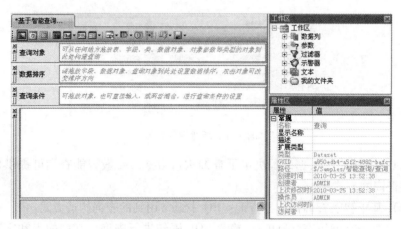

图 4-3　基于智能查询构造器的查询界面

界面说明如下：

快捷功能条：显示智能查询构造器常用的功能按钮。鼠标停放在各按钮上方，便可显示该按钮功能名称。

查询对象窗格：构建查询对象，可以从任何地方拖放表、字段、类、数据对象、对象参数等类型的对象到此处构建查询。

数据排序窗格：构建排序项，可通过拖放字段、数据对象、查询对象到此处设置数据排序，双击对象可改变排序方向。

查询条件窗格：条件可以手工输入，也可以拖放引用已构建的条件、公式、参数，还可以手工输入和拖放同时混合。

表关系窗格：显示了信息域所选中的表及表间关系，可以编辑表间关系。

工作区：所有与该查询相关的对象，如数据列参数、各种触发事件及文本等。

属性区：用于显示、编辑当前所选择的操作对象的属性。

SQL 命令视图：

每当对各个窗格进行操作及修改的时候，都会以 SQL 的形式生成新的命令视图，该部分的 SQL 语言相当于 SQL 语句中 WHERE 后面的条件语句。

智能查询构造器使用方法简单，直接从信息域或数据源中拖拉对象到编辑区即可，具体操作方式请阅读 4.7 查询实例部分。此处先提供一个图例仅供参考，如图 4-4 所示：

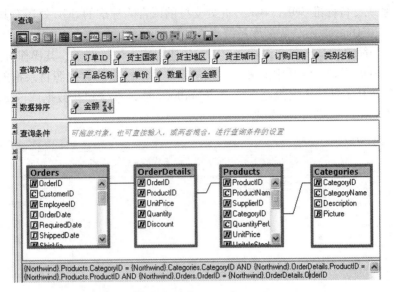

图 4-4　基于智能查询构造器的查询示例

4.2.2　基于查询语言（SQL）查询

在建立查询方式时选择"基于查询语言（SQL）"方式，可进入 SQL 构建面板。如图 4-5 所示：

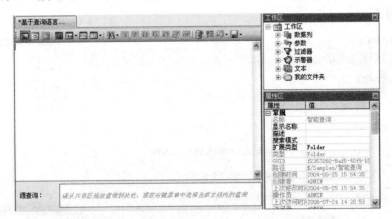

图 4-5　基于查询语言（SQL）的查询界面

界面说明如下：

快捷功能条：与智能查询构造器相同，请参看"基于智能查询构造器建立查询"，在此部分不再描述。

SQL 编辑区：输入构造查询的 SQL 语句，所需使用的表和字段可以将系统共享区中的数据源目录拖放到此。

说明：

①"SELECT"后的查询项与查询项之间用逗号隔开，"FROM"后的表也同样如此。

② 系统支持标准 SQL、4GL（此处支持的语言除标准的 SQL 处还有其他几种如 4GL、T-SQL，原则是数据库系统支持的所有语言）。

举一个简单的基于查询语言（SQL）构建智能查询的例子，其操作方法如下：

输入 SQL 语句，将其中的表和字段从系统共享区中的数据源目录拖放到语句中（如果选择了默认数据源则不需要 ｛Northwind｝，直接和在数据库的 SQL 视图中输入的 SQL 一致即可）。如图 4-6 所示：

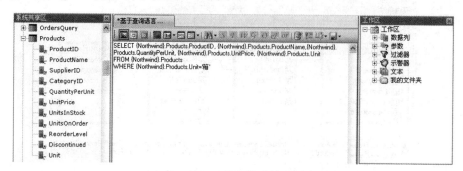

图 4-6　基于查询语言构建智能查询的示例

点击 按钮运行查询，得出数据。

4.2.3　从文本文件导入数据查询

在建立查询方式时选择"从文本文件导入数据"方式，可进入如图 4-7 所示的查询界面。

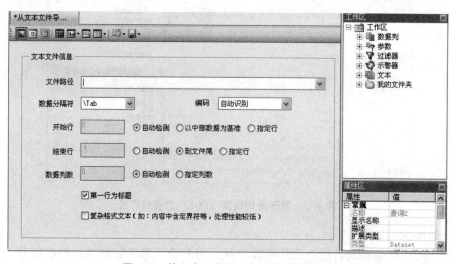

图 4-7　从文本文件导入数据的查询界面

操作方法：

（1）单击"文件路径"输入框后的选择按钮 ，选择一个文本文件。

（2）单击"数据分隔符"下拉按钮选择一个数据分隔符，有三种分隔符可供选择：

①Tab 键分隔符。

②逗号分隔符。

③Space 空格键分隔符。

也可以手工输入其他的分隔符号。

（3）编码：

①没有 BOM 头的文本文件，需要明确指明是 UTF-8 或 UTF-16，否则按 AN-SI/ASCII。

②有 BOM 头的文本文件，可默认自动识别。

注意：BOM - BYTE ORDER MARK，是文本文件格式标志（2~3 个字符）。

（4）开始行：用户选择导入数据开始行的方式。

自动检测：自动检测数据开始行。

以中部数据为准：以中部数据的格式或数据类型为准。

指定行：指定数据开始的行号。

（5）结束行：用户选择导入数据结束的位置。

自动检测：自动检测数据结束行。

到文件尾：到文本文件最后一行。

指定行：用户指定数据结束的行号。

（6）数据列数：用户指定刷新文本中的数据的列数，当文本的行列数不固定时，用户可以指定刷新数据的列数。

（7）复杂格式文本：将内容中含分隔符（如以逗号分隔的文本，且字符列内容中又包含逗号）、各行列数不相等这样的文本文件视为"复杂文本"，需要选上此项，否则数据处理可能不正确。此项处理时性能相对较低。

①旧版本（BQ7.0.0.99 以下版本）的基于文本的查询，默认为"复杂文本"。

②新版本（BQ7.0.1.1 以上版本）的基于文本的查询，默认为非"复杂文本"。

③非复杂文本的导入性能提高很多（每分钟达 50 万行以上，比原来的文本导入性能提高 5 倍以上）。同时，"复杂文本"的导入功能也做了优化，性能比原来提升 1~2 倍。

（8）单击 按钮运行查询。

说明：

①所选择的文本文件可以支持列数据类型定义（方便与外界系统交换数据）。可在文本文件头部做以下定义（对不定义类型的列在系统中将自动识别）：

a. #define column1 aschar［30］

b. #define column2 as date

c. #define column3 as number

②除构建过程不同外，其余的功能和操作与"基于智能查询构造器建立查询"相同。

4.2.4 从 Excel 文件导入数据查询

在建立查询方式时选择"从 Excel 文件导入数据"方式，可进入如图 4-8 所示的查询界面。

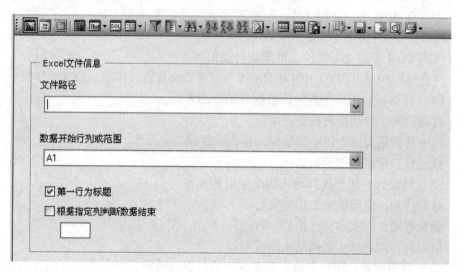

图 4-8　从 Excel 文件导入数据的查询界面

操作方法：

（1）单击"文件路径"输入框后的选择按钮　，选择一个 Excel 文件。

（2）在"数据开始行列或范围"输入框输入数据开始的行、列或范围，系统默认第一个工作表的第一行第一列即 A1 为数据开始处。也可以单击输入框后面的获取开始位置按钮，进入第一个步骤选择的 Excel 文件选取开始位置。如图 4-9 所示：

*查询	新建 Microsoft ...					G
A1						
1	11	22	33	44		
2	11	22	33	44		
3	11	22	33	44		
4	11	22	33	44		
5						
6						
7						
8						
9						
10						
11						
12						

图 4-9　输入数据开始位置

（3）移动鼠标至目的单元格后单击返回 按钮，返回上一个界面。如图 4-10 所示：

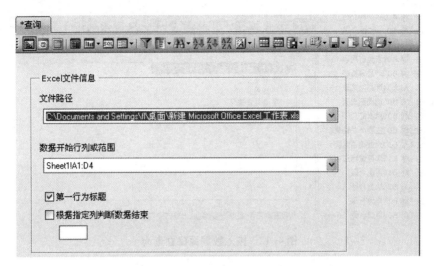

图 4-10　返回查询界面

说明：

系统默认是以第一行为标题，否则请把上图中"第一行为标题"的选择框中的"√"去掉。

（4）单击![按钮]按钮运行查询。

4.2.5　基于数据库存储过程的查询

在建立查询方式时选择"基于数据库存储过程"方式，可进入如图 4-11 所示的查询界面。

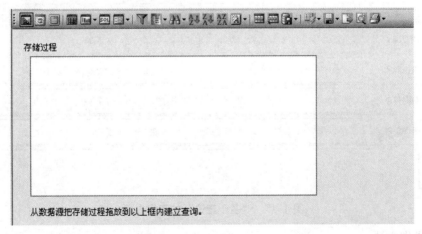

图 4-11　基于数据库存储过程的查询界面

操作方法：

（1）从系统共享区的关系型数据源目录下，将数据库对应的存储过程拖到界面中"存储过程"的框内建立查询。结果如图 4-12 所示：

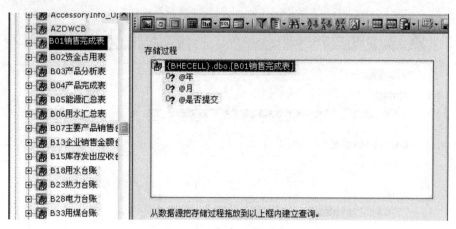

图 4-12　拖入数据源建立查询

（2）单击 ◎・按钮运行查询。

说明：

也可以先将存储过程拖到信息域中作为一个数据对象，然后从共享区相应的信息域的目录下将存储过程拖到界面中的"存储过程"框内建立查询。

目前系统只支持基于 MS SQL 和 Oracle 两种数据库存储过程建立查询，且基于 MS SQL 时必须将"SET NOCOUNT ON"写在存储过程正文的第一行。

4.2.6　基于查询的查询

在建立查询方式时选择"基于查询"方式，可进入如图 4-13 所示的查询界面。

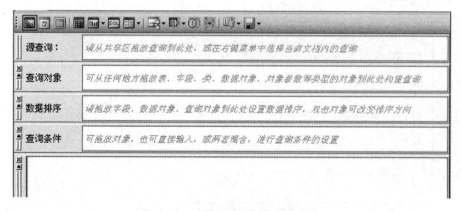

图 4-13　"基于查询"的查询界面

操作方法：

（1）将系统共享区的查询拖到上图中"源查询："后面，可以拖多个查询，如果拖了多个查询，就必须构建表关联。

（2）在查询面板中显示了表的框中，通过单选或多选的方式将表中的对象拖到"查询对象"后面。

（3）同样的方法可以构建条件和排序项。

（4）单击 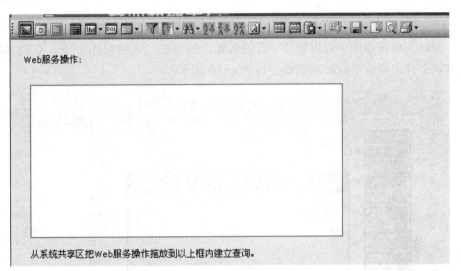 按钮即可刷新当前基于查询结果构建的查询。

说明：

如果想要当前的查询在刷新时自动刷新父级查询，那你只需要点击菜单"智能查询—自动刷新父级查询"，便可自动逐级刷新父级查询（原来只能自动刷新查询本身的父级查询）。如：C 基于 B，B 基于 A，如果 C 选择"自动刷新父级查询"，则刷新 C 需首先刷新 A、再刷新 B、再刷新 C。参数也会提示所有级别的参数。

4.2.7　基于 Web 服务的查询

在建立查询方式时选择"基于 Web 服务"方式，可进入如图 4-14 所示的查询界面。

图 4-14　基于 Web 服务的查询界面

如上图中提示操作：从系统共享区中把 Web 服务操作拖放到以上框内建立查询，单击 按钮即可刷新当前基于 Web 服务的查询。

4.3　智能查询的五种视图

根据用户对查询结果展示方式的要求，以及多年来 BQ 产品在项目中不断地总结，目前支持以下五种视图来查看查询结果。具体如下：

4.3.1　表格视图

浏览运行查询后的数据结果，在此视图中可以进行的操作有：建立过滤器，示警器，设置数据字体和对齐格式、背景效果图、背景颜色，排序、查找、刷新数据，输入公式等。通过单击快捷功能条的"表格视图"按钮 进入。如图 4-15 所示：

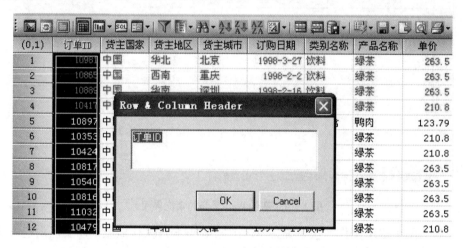

(1,1)	订单ID	货主国家	货主地区	货主城市	订购日期	类别名称	产品名称	单价
1	10981	中国	华北	北京	1998-3-27	饮料	绿茶	263.5
2	10865	中国	西南	重庆	1998-2-2	饮料	绿茶	263.5
3	10889	中国	华南	深圳	1998-2-16	饮料	绿茶	263.5
4	10417	中国	西南	重庆	1997-1-16	饮料	绿茶	210.8
5	10897	中国	西北	西安	1998-2-19	肉/家禽	鸭肉	123.79
6	10353	中国	华北	天津	1996-11-13	饮料	绿茶	210.8
7	10424	中国	华北	天津	1997-1-23	饮料	绿茶	210.8
8	10817	中国	华北	天津	1998-1-6	饮料	绿茶	263.5
9	10540	中国	华北	石家庄	1997-5-19	饮料	绿茶	263.5
10	10816	中国	华南	海口	1998-1-6	饮料	绿茶	263.5
11	11032	中国	华北	天津	1998-4-17	饮料	绿茶	263.5
12	10479	中国	华北	天津	1997-3-19	饮料	绿茶	210.8

图 4-15　创建表格视图

同时，在该界面中可以修改字段的名称，只要在"表格视图"下，双击字段名称就会弹出修改字段的对话框。如图 4-16 所示：

图 4-16　修改表格视图字段名称

在对话框中输入新的名称，然后点击"OK"按钮就可以了。

4.3.2　图表视图

把查询结果转换成图表形式，通过单击快捷功能条的"图表视图"按钮 ▥ ▾ 进入，如图 4-17 所示。

具体操作方法如下：

（1）在上面的图表视图中，点击工具栏中的 ▥ ▾ 按钮来改变图表绑定的数据。

（2）点击工具栏中的 ▧ 按钮来编辑图表属性。

（3） ▥▥▥▥ 这几个按钮分别是对图表不同效果的展示，分别为：旋转、3D 效果、缩放、直角图。

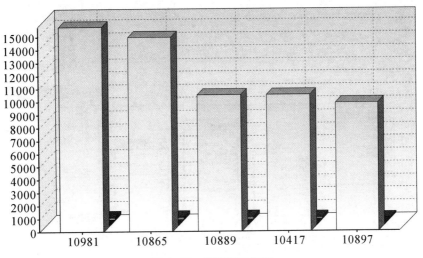

图 4-17　创建图表视图

4.3.3　表单视图

能设计交互式的表单，按用户的输入执行操作。通过单击快捷功能区的"表单视图"按钮进入。如图 4-18 所示：

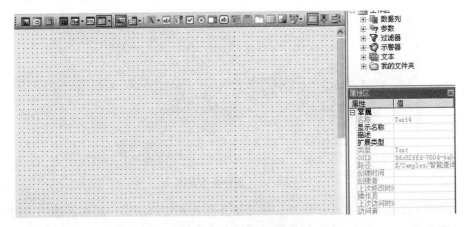

图 4-18　创建表单视图

在上图中点击设计视图按钮即可进入表单视图的设计视图，在此视图中可插入下拉框、列表框、文本框、仪表盘、按钮等控件，并可对每一控件加入代码进行控制，具体可参见开发帮助。

4.3.4　设计视图

构建查询，包括构建查询对象、排序项、条件、统计条件、表间关系、子查询和联合查询等。通过单击快捷功能区的"设计视图"按钮进入。如图 4-19 所示：

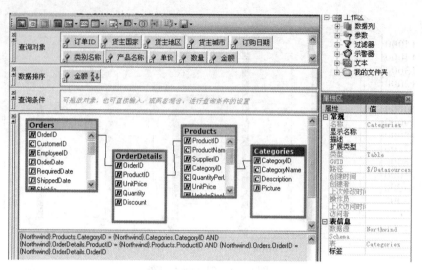

图 4-19　创建设计视图

4.3.5　命令视图

表格查询的 SQL 语句和内部处理命令。通过单击快捷功能区的"命令视图"按钮 [SQL]进入。如图 4-20 所示：

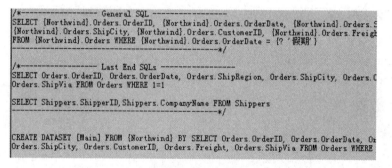

图 4-20　创建命令视图

在我们做智能查询的过程中，很可能会遇到未知的错误，而在其他的视图中又不能确定问题所在，这个时候就需要借助命令视图来查找错误。

4.4　智能查询的其他辅助功能

4.4.1　示警器

1. 示警器的概念

如果用户在全部查询到的数据中对一部分数据特别关注时，那么可使用示警器将特别关注的数据以一定的形式突出显示，让用户在浏览时提醒自己关注的重点，同时还可以以邮件或发送信息等多种方式通知相关人员。

2. 示警器的建立

下面我们将以实例来具体讲述示警器的建立过程。

举例说明：基于系统共享区中的基本功能演示—智能查询—含警告信息的查询。将订单金额大于 10 000 元的记录用突出颜色表示，并且将结果以邮件形式发送给公司的高层主管，或者相关的部门人员。

操作如下：

（1）打开智能查询文件"含警告信息的查询"，进入设计视图状态，然后选择工作区示警器目录。如图 4-21 所示：

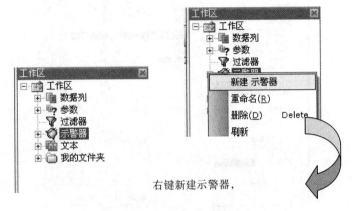

图 4-21　建立示警器

（2）设置示警条件及动作。如图 4-22 所示：

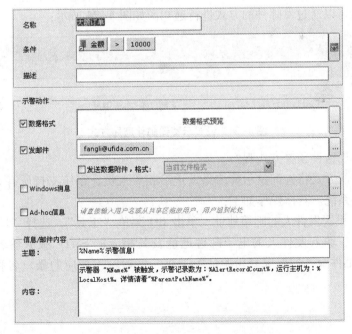

图 4-22　设置示警条件及动作

在"名称"一栏输入示警器名称,在"条件"一栏设置示警的条件,即金额>10 000,金额字段可直接拖放到示警器设置数据格式,即将符合条件的记录设置特殊格式突出显示。

(3)单击"数据格式"栏后的按钮 ⬜,进入格式设置窗口,在"字体"中设置字体大小,在"图案"中设置字体的颜色。如图4-23所示:

图4-23 设置示警器数据格式

(4)设置示警器的通知方式——发邮件

示警器可以通过发邮件的方式进行通知。如图4-24所示:

图4-24 设置示警器邮件通知方式

如何实现这种预警方式呢?

以邮件的方式将查询及示警结果发送给相关人员,系统支持所有 SMTP 服务方式的邮件系统。具体操作如下:

Step1:设置发件人的邮箱地址。单击 BQ 菜单"工具",选择"E-Mail 账户配置"命令,输入发件人的电子邮件地址及其相应的 SMTP 服务器名称,选中"我的发送邮件服务器要求身份验证"选项,然后输入相应的账户名和密码。如图4-25所示:

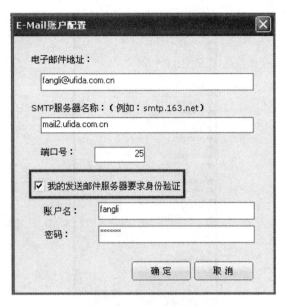

图 4-25　邮件账户配置

注意：

①端口号不要修改。

②进行账户配置时，一定要输入对应的账户名和密码。

Step2：再进入示警器中，在新建立的示警器中单击界面的"发邮件"后的按钮⬜，选择收件人。您可从通信簿中选择一个或多个收件人，也可以直接输入一个或多个收件人，每个收件人之间用"；"隔开。

Step3：如果选中了"将当前文档对象作为附件发送"选项，就可以把设置了示警器的文档发送给收件人。发送邮件的具体内容如图 4-26 所示：

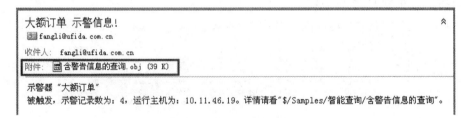

图 4-26　邮件发送内容设置

（5）设置示警器的通知方式——Windows 消息

示警器也可以通过 Windows 消息发出通知，具体操作如下：

Step1：单击界面的"Windows 消息"后的按钮⬜，在弹出的"网上邻居"列表选择接收人。如图 4-27 所示：

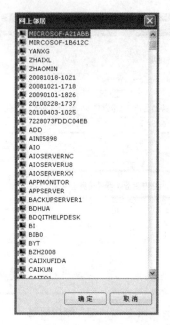

图 4-27 设置示警器 Windows 消息通知方式

Step2：可以结合［Ctrl］和［Alt］键选择一个或多个收件人，然后单击［确定］按钮返回示警器界面。

Step3：输入要发送邮件和信息的主题和内容。

新建示警器后，系统会默认有邮件和信息的主题和内容。用户可以自己填写主题和内容，但不要修改%号内的文字，因为这些是系统获取示警器内部信息的公式，包括示警器的名称、路径、示警记录数和运行主机的信息。

到此，我们便完成了示警器的设置，设置完后一定要启用示警器，刷新查看示警结果。如图 4-28 所示：

(1,1)	订单ID	货主国家	货主地区	货主城市	订购日期	类别名称	产品名称	单价	数量	金额
1	10981	中国	华北	北京	1998-3-27	饮料	绿茶	263.5	60	15810
2	10865	中国	西南	重庆	1998-2-2	饮料	绿茶	263.5	60	999882206
3	10889	中国	华南	深圳	1998-2-16	饮料	绿茶	263.5	40	10540
4	10417	中国	西南	重庆	1997-1-16	饮料	绿茶	210.8	50	10540
5	10897	中国	西北	西安	.998-2-19	肉/家禽	鸭肉	123.79	80	9903.2
6	10353	中国	华北	天津	.996-11-13	饮料	绿茶	210.8	50	96858835
7	10424	中国	华北	天津	.997-1-23	饮料	绿茶	210.8	49	96921659

图 4-28 示警结果

其中，上面灰色字体即为我们要示警的部分。

3. 启用/禁用示警器

对于已设有示警器的查询文件，可设置启用或禁用已定义的示警器来查询结果。启用示警器时，能使查询结果按示警设置显示，禁用示警器，便可恢复示警前的显示结果。

操作如下：

启用示警器：在工作区的示警器目录中选择要启用的示警器，然后单击鼠标右键，在快捷菜单选择"启用"命令，示警器的图标前出现"√"标志。

禁用示警器：在工作区的示警器目录中选择要禁用的示警器，然后单击鼠标右键，在快捷菜单选择"禁止"命令，示警器的图标"√"标志消失。

说明：一个查询文件可以同时启用多个示警器，每个示警器之间是并集的关系。

4. 示警器运行日志

系统提供示警器的运行日志（以记事本程序打开），可以查看上一次示警器的执行时间、执行机器、示警记录数等，以及运行错误信息。

打开运行日志的操作方法：

单击菜单"智能查询"，选择"示警器上次运行日志"命令，打开示警器运行日志。如图4-29所示：

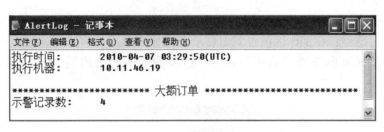

图 4-29　示警器运行日志

如果示警器在设置或示警发送过程中有任何的错误，都会反映在此运行日志中。

说明：该日志仅体现上一次操作的日志内容。

4.4.2　过滤器

1. 过滤器

当用户只关注智能查询结果的一部分数据，而不希望显示其他的数据时，就需要通过使用过滤器，将不需要的数据隐藏起来，从而只显示用户感兴趣的数据，同时，被隐藏的数据并没有被删除，需要时可以重新显示它们。

2. 过滤器的创建

下面我们将以实例来具体地讲述过滤器的创建过程。

用例说明：对"基本功能演示 α 智能查询"下的"含警告信息的查询"进行过滤器设置，过滤条件是：货主地区＝华北。

操作如下：

打开"基本功能演示 α 智能查询"下的"含警告信息的查询"查询文件，进入设计视图状态。然后选择工作区过滤器目录，右键新建"过滤器"，直接从源查询（含警告信息的查询）选定字段"货主地区"，并拖放到新建的"过滤器"

的编辑框下，也可以在视图状态下，双击展开右侧工作区数据列目录，选择"货主地区"列，并拖放到过滤器条件编辑框中，然后在条件编辑框"货主地区"后输入"='华北'"，在名称输入栏输入"过滤货主地区"。如图4-30所示：

图4-30　创建过滤器界面

3. 启用/禁用过滤器

对于已设有过滤器的文件，可启用或禁用过滤器。启用过滤器，可使查询结果按过滤条件显示，禁用过滤器，便可恢复过滤以前的显示结果。系统默认过滤器是禁止状态。

操作如下：

启用过滤器：在工作区的过滤器目录中选择要启用的过滤器，然后单击鼠标右键，在快捷菜单选择"启用"命令，过滤器的图标也出现"√"。如图4-31所示：

图4-31　启用过滤器

禁用过滤器：在工作区的过滤器目录中选择要禁用的过滤器，然后单击鼠标右键，在快捷菜单选择"禁止"命令，过滤器的图标"√"消失。

说明：启用多个过滤时，每个过滤器之间是交集关系。

4. 快速过滤

过滤器的设置、应用除了上述方法之外，系统还提供了更为快捷的操作方法：快速过滤。快速过滤具有简单、快速、暂时的过滤功能，只对查询出来的数据有效，重新刷新数据时过滤就会失效。而在上文"建立过滤器"所建立的过滤器具有永久的过滤功能。

操作如下：

单击快捷功能区的快速过滤 图标，弹出快速过滤窗口，并默认一个过滤条件，此过滤条件是你在查询结果中鼠标选中的单元格的值。如图4-32所示：

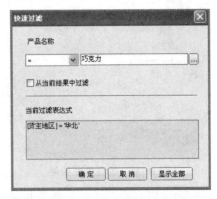

图4-32　创建快速过滤

说明：

如要取消快速过滤设置的条件可单击［全部］按钮。

如要在原有的快速过滤条件上再增加过滤条件，可以按上述步骤先设置第一个过滤条件，然后在设置第二个过滤条件时选择上图中"从当前结果中过滤"单选项，最后单击［确定］按钮。

4.4.3　刷新数据

如果数据的来源已被更新，单击快捷功能条运行/刷新按钮 ，即可让您获得最新的查询数据。如果要指定行数刷新，则点击下图中的快捷按钮"按指定行数刷新"，即可刷新指定行数。如图4-33所示：

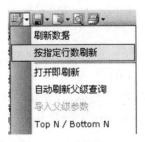

图4-33　刷新数据

4.4.4　排序

在浏览视图环境下，单击要进行排序列的列标题，直至整列数据出现黑色背景，然后单击快捷功能条的升序按钮 或降序按钮 ，即可对该列数据进行升序或降序排列。

点击排序设置按钮 ![AZ/ZA]，即可以自定义规则排序定义。以图4-34为例，以下用户最终实现效果按照类别名称排序，同时所有北京市的记录显示在最前方。

图4-34 设置排序条件

双击按列值排序下左侧的字段名称，该字段就会显示在右侧选定栏中，该字段可以多选，并根据选择字段的先后顺序排序。排序结果如图4-35所示：

(18,1)	订单ID	货主国家	货主地区	货主城市	订购日期	类别名称	产品名称	单价	数量	金额
5	10633	中国	华北	北京	.997-8-15	点心	山渣片	49.3	80	97649193
6	10305	中国	华北	北京	.996-9-13	肉/家禽	鸭肉	99	25	99631196
7	10765	中国	华北	北京	.997-12-4	调味品	海苔酱	21.05	80	99749064
8	10757	中国	华北	北京	997-11-27	点心	山渣片	49.3	30	1479
9	10255	中国	华北	北京	.996-7-12	日用品	苏澳奶酪	44	30	1320
10	10687	中国	华北	北京	.997-9-30	肉/家禽	鸭肉	123.79	10	1237.9
11	10633	中国	华北	北京	.997-8-15	日用品	德国奶酪	38	36	99184608
12	10305	中国	华北	北京	.996-9-13	海鲜	墨鱼	50	25	99813735
13	10756	中国	华北	北京	997-11-27	海鲜	墨鱼	62.5	21	99608845
14	10298	中国	华北	北京	1996-9-5	日用品	苏澳奶酪	44	30	990
15	10686	中国	华北	北京	.997-9-30	肉/家禽	猪肉	39	30	96513128
16	10263	中国	华北	北京	.996-7-23	海鲜	黄鱼	20.7	60	931.5
17	10633	中国	华北	北京	.997-8-15	点心	棉花糖	31.23	35	93484914
18	10314	中国	华北	北京	.996-9-25	日用品	白奶酪	25.6	40	98474121
19	10270	中国	华北	北京	1996-8-1	饮料	柳橙汁	36.8	25	920
20	10499	中国	华北	北京	1997-4-8	特制品	烤肉酱	45.6	20	912
21	10314	中国	华北	北京	.996-9-25	点心	山渣片	39.4	25	98532236
22	10312	中国	华北	北京	.996-9-23	饮料	柳橙汁	36.8	24	883.2

图4-35 排序结果

说明：

该功能只对单项进行排序。如果您想按多项进行组合排序（例如按订单订购日期+数量排序），具体操作如下：

单击快捷功能条"设计视图"按钮，返回设计状态构建设置排序项。注意查询项的排序优先级。如图4-36所示：

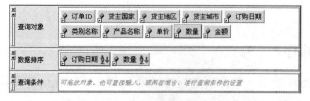

图4-36 多项组合排序

直接在查询结果中设置的排序只是对前台数据排序，不会重新选取数据库的数据再进行排序，而在设计视图中设置排序项后刷新数据时是从数据库中取出最新的记录再进行排序。

4.4.5 关键字查找

本系统提供两种查找方式。

用户可以在输出的查询结果中查找所关心的数据。具体操作：点击快捷功能条中的"查找"图标，弹出"查找"窗口。如图 4-37 所示：

图 4-37 关键字查找

在"查找内容"对话框中输入要查找的内容，并选择搜索方式，还可以设置查找内容区分大小写，只需勾选"区分大小写"前面的单选框即可，然后点击[查找下一个]按钮，系统会查找出与查询内容匹配的记录。您既可以不关闭查找对话框继续查找下一个匹配记录，也可以关闭查找对话框，然后按 F3 键查找下一个匹配记录。

查找结果可以进行数据格式设置。具体操作如下：在浏览视图中选择一列或多列，然后单击快捷功能条中的"格式设置"按钮，弹出"格式设置"窗口。

可以设置数据的格式、对齐、字体、背景等，操作和 Excel 中格式设置的操作一致。如图 4-38 所示：

图 4-38 查找结果的数据设置

4.4.6　查询设置

打开一个查询，点击快捷功能条中两个按钮小箭头，可弹出如图 4-39 所示界面。

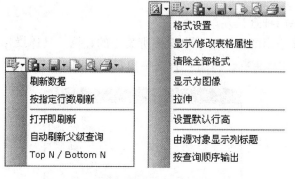

图 4-39　查询设置

在上图中可以做如下设置：

①打开即刷新：表示打开当前查询时会自动连接指定的数据源刷新数据，如果未选中此项，则打开此查询时显示的是最后一次刷新的历史记录。系统默认不勾此选项。

②自动刷新父级查询：和直接选择菜单"智能查询—自动刷新父级查询"是一样的效果，该功能用在基于查询的查询中，刷新查询时是否刷新源查询。系统默认不勾此选项。

③TOPN/bottom N：可以指定当前查询只显示前几名或后几名记录，此 TOPN 是对查询结果进行 TOPN 显示而已，对数据库中的记录无影响。

④按查询顺序输出：即按照设计视图中查询对象的顺序输出查询结果。

⑤根据源对象设置数据列显示名称：如果在查询里修改了查询项的名称，选中了此项刷新后，如果此查询是基于信息域构建的，其名称会变回信息域中的名称，如果是基于数据源构建的，就会变回数据源里的名称。

4.4.7　导入导出及打印

在查询结果状态单击快捷菜单中的打印预览按钮 🔍 ，可预览报表。

在预览窗口上方有几个功能按钮，说明如下：

打印：进入"打印设置"界面，设置打印参数后可以打印报表。

下一页：预览下一页报表。

前页：预览上一页报表。

两页：一次显示两页。

放大：放大显示。

缩小：缩小显示。

关闭：关闭预览窗口，返回报表页面视图。

4.4.8 查询结果导出

系统提供了将查询结果导出为 PDF 文件、Excel 文件、Html 文件、文本文件四种方式，而对于查询的图表视图中的图表则可以选择导出为 JPG 格式。

操作如下：

打开要导出的查询文件，点击 📤 导出按钮，在弹出的窗口中，选择路径，输入文件名称和保存类型后单击［确定］按钮。如图 4-40 所示：

图 4-40　查询结果导出

4.4.9 查询条件中操作符应用实例

在 BQ 智能查询的条件表达式中，不同的操作符的组合，可以实现不同的条件设置，结果与 SQL 语句中的 WHERE 条件句结果相同。

【例 4.1】查看不同货主城市为北京的绿茶的销售情况。如图 4-41 所示：

图 4-41　例 4.1 智能查询设置情况

①所有=号后的表达式不需加引号""或其他符号，具有很强的容错性。

②做查询时，"条件"中的内容遵循"三元表达式"的规则，如果"="号前的对象是含有复杂函数或带附属条件的，则不能直接写出来，应该在条件中点右键，选择"新建数据对象"，编辑复杂的数据对象，然后再输入"="号后面的对象表达式。

③操作符号与表达式可以写在一起。

④如果条件为"年龄"时，有如下几种表示含义：

=1~30　　　　　　表示：≥1，≤30

1～	表示：≥1
～30	表示：≤30
1，20，13	表示：=1 或 =20 或 =13
1～30&	表示：≥1，<30

【例4.2】模糊条件查询，即在查询条件参数选择时只填写参数的部分值，则可查出与之相关的所有地区的销售情况。如在查询参数选择条件中输入"北"，则可查询出所有地区字段中带有"北"字的地区的销售情况。查询条件及参数设计如下：

首先，在设计视图下的工作区中的参数功能下，点击右键。如图4-42所示：

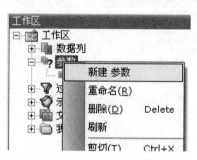

图4-42　工作区新建参数

然后，在弹出的对话框中设置参数的内容。如图4-43所示：

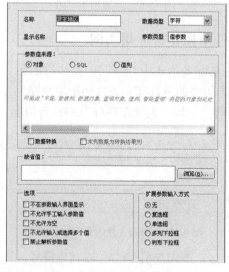

图4-43　设置参数内容

设置好后保存并关闭，并且在智能查询的查询条件中做如下填写。如图4-44所示：

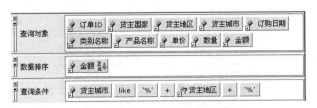

图 4-44　例 4.2 智能查询设置情况

点击刷新按钮便会弹出对话框。如图 4-45 所示：

图 4-45　输入模糊查询参数

这时我们只需填写"货主地区"字段下的一个字就可以完成查询功能。结果如图 4-46 所示：

(1,1)	订单ID	货主国家	货主地区	货主城市	订购日期	类别名称	产品名称	单价	数量	金额
1	10981	中国	华北	北京	.998-3-27	饮料	绿茶	263.5	60	15810
2	10776	中国	华北	北京	997-12-15	特制品	猪肉干	53	120	99526143
3	10329	中国	华北	北京	996-10-15	饮料	绿茶	210.8	20	99685884
4	10687	中国	华北	北京	997-9-30	肉/家禽	鸡	97	50	3637.5
5	10633	中国	华北	北京	997-8-15	点心	山渣片	49.3	80	97649193
6	10305	中国	华北	北京	996-9-13	肉/家禽	鸭肉	99	25	99631196
7	10765	中国	华北	北京	997-12-4	调味品	海苔酱	21.05	80	99749064
8	10757	中国	华北	北京	997-11-27	点心	山渣片	49.3	30	1479
9	10255	中国	华北	北京	996-7-12	日用品	苏澳奶酪	44	30	1320
10	10687	中国	华北	北京	997-9-30	肉/家禽	鸭肉	123.79	10	1237.9
11	10633	中国	华北	北京	997-8-15	日用品	德国奶酪	38	36	99184608
12	10305	中国	华北	北京	996-9-13	海鲜	墨鱼	50	25	99813735
13	10756	中国	华北	北京	997-11-27	海鲜	墨鱼	62.5	21	99608845
14	10298	中国	华北	北京	1996-9-5	日用品	苏澳奶酪	44	30	990
15	10686	中国	华北	北京	997-9-30	肉/家禽	猪肉	39	30	96513128
16	10263	中国	华北	北京	996-7-23	海鲜	黄鱼	20.7	60	931.5

图 4-46　模糊查询结果

4.5　智能查询制作

4.5.1　新建智能查询

在系统共享区目录树中，找到欲创建查询的位置，右键点击新建。如图 4-47 所示（图标如" "的节点均可创建对象）：

图 4-47　新建智能查询

4.5.2　选择创建智能查询的方式

此实例中选择"基于智能查询构造器"。如图 4-48 所示：

图 4-48　选择创建智能查询的方式

4.5.3　设计查询

在第二步确定以后会出现如图 4-49 所示的设计界面，可进行查询的具体设计工作。

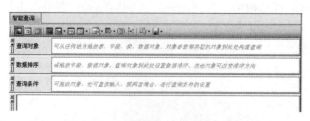

图 4-49　智能查询的具体设计界面

互联网营销市场经营分析理论与实务

Step1：将要查询的对象从【信息域】中拖入。若无信息域，则直接从【数据源】中拖入数据对象，并对其进行设置。如图 4-50 所示：

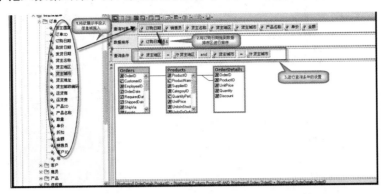

图 4-50 设置智能查询的查询对象

Step2：根据订购日期进行降序排序。双击数据排序区的"订购日期"后的" 🔽 "，以实现更改升序或降序。

Step3：设置【查询条件】。在查询条件区，拖入"货主地区"，输入" ＝ "之后，单击右键，选择【新建参数】，也可在右侧工作区的参数节点下进行新建。"货主城市"参数的建立同理。

"货主地区"参数设置：将【信息域】—【销售信息库】—【客户】—【地区】参数设置在对象区。如图 4-51 所示：

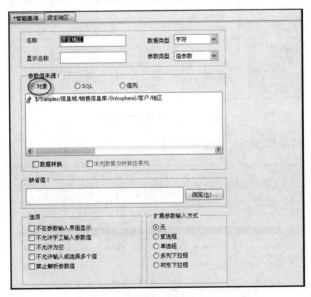

图 4-51 查询条件中货主地区的设置

"货主城市"参数设置：参数值来源于选择 SQL 的方式，手动写 SQL 设置如图 4-52 所示：

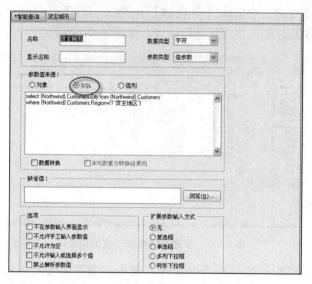

图 4-52　查询条件中货主城市的设置

Step4：刷新数据并设置格式。

点击 图标，选择查询条件。如图 4-53 所示：

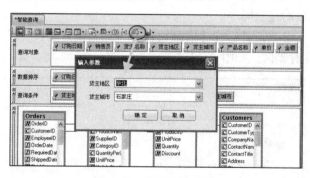

图 4-53　设置查询参数

刷新后得到结果如图 4-54 所示：

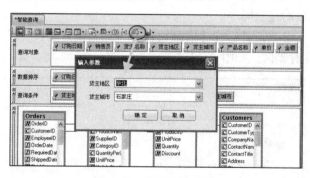

图 4-54　智能查询结果

在金额的数据列上点击右键，选择【格式设置】，在弹出的对话框中选择
【数值】对金额进行设置，并选择相应的【货币符号】。如图 4-55 所示：

图 4-55 设置查询结果格式

4.6 效果展示

最终，智能查询达到如图 4-56 所示的效果。

(0,8)	订购日期	销售员	货主名称	货主地区	货主城市	产品名称	单价	金额
1	1996-10-25	郑建杰	王俊元	华北	石家庄	猪肉	31.2	¥ 624.00
2	1996-10-25	郑建杰	王俊元	华北	石家庄	黄鱼	20.7	¥ 310.50
3	1996-11-5	李芳	王先生	华北	石家庄	猪肉	31.2	¥ 1,010.88
4	1996-11-5	李芳	王先生	华北	石家庄	白米	30.4	¥ 608.00
5	1996-11-27	李芳	胡先生	华北	石家庄	民众奶酪	16.8	¥ 403.20
6	1996-12-9	张颖	刘维国	华北	石家庄	温馨奶酪	10	¥ 399.00
7	1996-12-25	张颖	徐先生	华北	石家庄	山渣片	39.4	¥ 394.00
8	1996-12-25	张颖	徐先生	华北	石家庄	龙虾	4.8	¥ 48.00
9	1997-2-21	张颖	王先生	华北	石家庄	苏打水	12	¥ 270.00
10	1997-2-21	张颖	王先生	华北	石家庄	玉米片	10.2	¥ 137.70
11	1997-4-4	金士鹏	徐先生	华北	石家庄	温馨奶酪	10	¥ 190.00
12	1997-4-18	郑建杰	谢小姐	华北	石家庄	海鲜粉	30	¥ 1,275.00
13	1997-4-18	郑建杰	谢小姐	华北	石家庄	盐	22	¥ 935.00
14	1997-4-18	郑建杰	谢小姐	华北	石家庄	胡椒粉	40	¥ 340.00
15	1997-5-5	郑建杰	成先生	华北	石家庄	白米	38	¥ 969.00
16	1997-5-5	郑建杰	成先生	华北	石家庄	龙虾	6	¥ 60.00
17	1997-5-5	郑建杰	成先生	华北	石家庄	苹果汁	18	¥ 122.40
18	1997-5-19	李芳	刘先生	华北	石家庄	绿豆糕	12.5	¥ 437.50
19	1997-5-19	李芳	刘先生	华北	石家庄	棉花糖	31.23	¥ 1,249.20
20	1997-5-19	李芳	刘先生	华北	石家庄	绿茶	263.5	¥ 7,905.00
21	1997-5-19	李芳	刘先生	华北	石家庄	春茄酱	10	¥ 600.00
22	1997-6-3	王伟	何先生	华北	石家庄	酸奶酪	34.8	¥ 835.20
23	1997-6-19	郑建杰	周先生	华北	石家庄	虾米	18.4	¥ 36.80
24	1997-6-19	郑建杰	周先生	华北	石家庄	黄豆	33.25	¥ 199.50
25	1997-6-19	郑建杰	周先生	华北	石家庄	浪花奶酪	2.5	¥ 35.00
26	1997-6-19	郑建杰	周先生	华北	石家庄	山渣片	49.3	¥ 493.00
27	1997-7-2	张雪眉	徐先生	华北	石家庄	三合一麦片	7	¥ 23.80
28	1997-7-16	金士鹏	王先生	华北	石家庄	龙虾	6	¥ 360.00

图 4-56 智能查询最终效果

4.7　示例集

4.7.1　【示例一】销售清单

数据准备：

制作销售清单，既可根据不同的地区和城市进行查询，也可根据订单日期进行查询。

准备的数据有订购日期、销售员、货主名称、货主地区、货主城市、产品名称、单价、金额。

关键技术点：

①参数的设置。

②排序。

销售清单效果如图 4-57 所示：

(1,1)	订购日期	货主地区	货主城市	货主名称	业务员	产品	单价	数量	金额
1	1998/1/13	华北	北京	鑫增贸易	张雪眉	牛奶	19	10	190.00
2	1998/1/19	华北	石家庄	保信人寿	李芳	苹果汁	18	4	54.00
3	1998/1/22	华北	天津	大钰贸易	郑建杰	苹果汁	18	80	1,152.00
4	1998/1/26	华北	天津	宇欣实业	赵军	牛奶	19	5	90.25
5	1998/1/28	华北	石家庄	坦森行贸易	李芳	牛奶	19	20	380.00
6	1998/2/2	华北	天津	远东开发	郑建杰	苹果汁	18	20	306.00
7	1998/2/3	华东	南京	通恒机械	赵军	牛奶	19	21	299.25
8	1998/2/4	华东	南京	艾德富科技	赵军	苹果汁	18	40	720.00

图 4-57　销售清单效果

具体步骤：

Step1：在系统共享区任意文件夹对象节点下单击右键，选择【新建智能查询】，在弹出的对话框中，选择【基于智能查询构造器】新建。如图 4-58 所示：

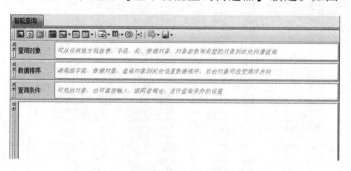

图 4-58　新建智能查询"销售清单"

Step2：从【数据源】或【信息域】中拖入数据对象至"查询对象"窗格，并对其进行设置。并且将"订购日期"拖入"数据排序"窗格中进行排列，双击该窗格中的字段对象更改升序或降序。设置【查询条件】，在"="后，单击右键，选择【新建参数】，也可在右侧工作区的参数节点下进行新建。如图 4-59 所示：

图 4-59 设置查询对象及查询条件

Step3："货主地区"参数来源设置及"货主城市"参数来源设置，注意这其中的级联关系。"参数值来源"选择"对象"，从【数据源】中拖入 ShipRegion 字段对象。如图 4-60（"货主地区"设置）所示：

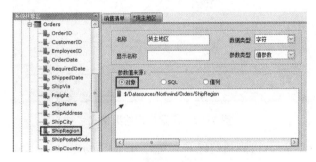

图 4-60 设置参数"货主地区"

"参数值来源"选择"SQL"，输入正确的 SQL 语句，从【数据源】中拖入相应字段。在【工作区】下的【参数】中拖入"货主地区"参数（也可以手写，注："?"后有空格）。如图 4-61（"货主城市"设置）所示：

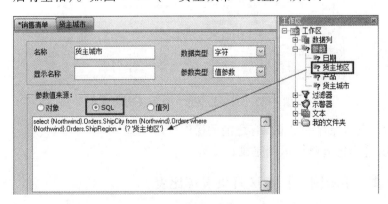

图 4-61 设置参数"货主城市"

Step4：刷新■■数据后得到结果。在金额的数据列上点击右键，选择【格式设置】，在弹出的对话框中选择【数值】对金额进行设置，并选择相应的【货币符号】。如图 4-62 所示：

图 4-62　设置查询结果格式

点击"确定"后，得到最终结果。如图 4-63 所示：

(1,1)	订购日期	货主地区	货主城市	货主名称	业务员	产品	单价	数量	金额
1	1998/1/13	华北	北京	嘉增贸易	张雪眉	牛奶	19	10	190.00
2	1998/1/19	华北	石家庄	保险人寿	李芳	苹果汁	18	4	54.00
3	1998/1/22	华北	天津	大钰贸易	郑建杰	苹果汁	18	80	1,152.00
4	1998/1/26	华北	天津	宇欣实业	赵军	牛奶	19	5	90.25
5	1998/1/28	华北	石家庄	坦森行贸易	李芳	牛奶	19	20	380.00
6	1998/2/2	华东	天津	远东开发	郑建杰	牛奶	19	20	306.00
7	1998/2/3	华东	南京	通恒机械	赵军	牛奶	19	21	299.25
8	1998/2/4	华东	南京	艾德高科技	赵军	牛奶	19	40	720.00
9	1998/2/12	华东	常州	福星制衣厂股份有限公司	孙林	牛奶	19	20	380.00
10	1998/2/16	华北	天津	建资	张颖	牛奶	19	20	380.00
11	1998/2/26	华北	青岛	建资	李芳	苹果汁	18	10	180.00
12	1998/3/2	华北	北京	广通	李芳	苹果汁	18	60	810.00
13	1998/4/1	华北	天津	高上补习班	张颖	牛奶	19	50	760.00
14	1998/4/6	华北	秦皇岛	新巨企业	李芳	苹果汁	18	4	72.00
15	1998/4/7	华北	天津	志远有限公司	王伟	苹果汁	18	2	36.00

图 4-63　"销售清单"智能查询结果

最后，点击保存按钮来保存之前的操作。

至此，【销售清单】示例完成。

4.7.2　【示例二】大区月报表环比表

数据准备：

将销售月报表根据大区进行分类。

在此例中需要货主地区数据和金额数据，同时，可以根据订购日期进行查询。

此例中引用了上月销售金额和本月销售金额，需用相应的公式对金额对象进行编辑。

关键技术点：

①聚合。

②排序。

③前台函数的运用。

销售月报环比效果如图 4-64 所示：

(1,1)	货主地区	本月销售金额	上月销售金额
1	东北	2,605.00	14,828.84
2	华北	28,092.33	27,417.99
3	华东	12,887.31	5,466.25
4	华南	946.00	2,904.31
5	西南	9,250.65	2,415.56

图 4-64 销售月报环比效果

具体步骤：

Step1：新建智能查询，在右侧工作区内【参数】节点下，新建参数"日期"，数据类型为日期型。不要在【查询条件】区域中建立"订购日期"参数，否则会以该参数为查询条件，便无法进行上月的查询。如图 4-65 所示：

图 4-65 新建参数"日期"

Step2：从【信息域】中拖入查询对象"货主地区"，同时，在查询对象中再新建两个查询对象，分别命名为"本月销售金额"和"上月销售金额"。

编辑对象中设置：在附属条件中右键选择插入函数@ ThisMonth（）和@ Last-Month（）。前者返回这个月的时间范围，后者返回这个月的上月的时间范围。Parameter（）用于返回参数值。参数直接输入，用单引号括上。如图 4-66 所示：

图 4-66　设置查询对象"本月销售额"

Step3：同第二步，设置"上月销售金额"查询字段对象。如图 4-67 所示：

图 4-67　设置查询对象"上月销售额"

Step4：设置完后，刷新数据，并且根据数据设置金额的格式，保存。最终效果如图 4-68 所示：

(1,1)	货主地区	本月销售金额	上月销售金额
1	东北	2,605.00	14,828.84
2	华北	28,092.33	27,417.99
3	华东	12,887.31	5,466.25
4	华南	946.00	2,904.31
5	西南	9,250.65	2,415.56

图 4-68　智能查询"销售月报环比"结果

4.7.3　【示例三】销售 TOP10 表

数据准备：

在该例中需要用到销售员 ID、金额。

关键技术点：

①TopN 的使用。

②数据转换的运用。

具体步骤：

Step1：建立一个查询，在"查询对象"下拖入"产品名称"和"金额"，由于要通过金额来确定销售名次，所以我们将"金额"作为数据排序的标准。如图4-69所示：

图 4-69 创建智能查询"销售 TOP10"

Step2：选中查询对象"金额"，右键选择"求和"，该功能可以把同一产品名称下的金额进行求和计算。如图 4-70 所示：

图 4-70 设置查询对象"金额"求和

Step3：刷新数据，在当前界面中点击刷新图标后面的下拉按钮，选择"Top N/BottomN"选项。如图 4-71 所示：

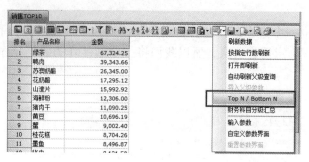

图 4-71　选择"Top N/Bottom N"选项

Step4：设置过滤数据值，此例中为 TOP10，那么我们就填写"10"，如果填写的是负值，就会显示倒数的 10 名。如果在显示了 TOP10 后还想保留 TOP10 之外的数据，那么就勾选"显示其他"。如图 4-72 所示：

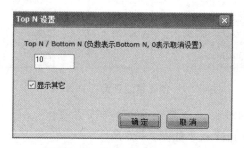

图 4-72　设置过滤数据值

Step5：设置成功后，按照提示，重新刷新数据，保存。得到的结果如图 4-73所示：

排名	产品名称	金额
1	绿茶	67,324.25
2	鸭肉	39,343.66
3	苏澳奶酪	26,345.00
4	花奶酪	17,295.12
5	山渣片	15,992.92
6	海鲜粉	12,306.00
7	猪肉干	11,090.25
8	黄豆	10,696.19
9	蟹	9,002.40
10	桂花糕	8,704.26
11	其它	221,172.66

图 4-73　智能查询"销售 TOP10"结果

4.7.4　【示例四】带总计的联合查询

数据准备：

大区销售金额、运货费用。

关键技术点：

①聚合。

②联合查询的设计。

具体步骤：

Step1：构建一个新的查询，将"金额"和"运货费"分别求和，同时新建查询对象"比例"。表达式如图4-74所示：

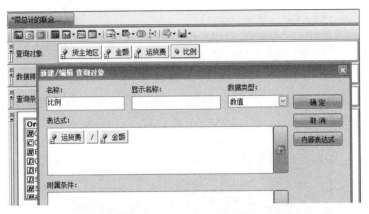

图4-74　创建带总计联合查询的查询对象

Step2：点击工具条中的"联合查询"按钮，建立新的查询。如图4-75所示：

图4-75　设置联合查询

点击"联合查询"后，在操作区的下方会出现一个新的智能查询TAB栏，可用于切换各个查询间的区域。如图4-76所示：

图4-76　查询区域切换

Step3：在新建的智能查询上进行编辑，并且更改"货主地区"的表达式。如图4-77所示：

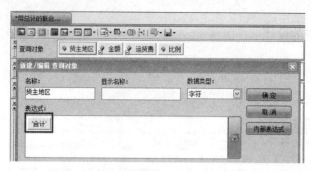

图 4-77 更改"货主地区"表达式

Step5：回到"主查询"，点击该图标，选择【复制当前子查询】，再刷新数据。如图 4-78 所示：

图 4-78 复制子查询

最终效果如图 4-79 所示：

(1,1)	货主地区	金额	运货费	比例
1	东北	109,530.02	16,354.16	14.93%
2	华北	567,514.81	99,956.46	17.61%
3	华东	297,818.95	44,500.65	14.94%
4	华南	126,361.21	18,196.05	14.40%
5	华中	1,732.62	179.50	10.36%
6	西北	25,603.94	5,969.61	23.32%
7	西南	133,825.45	21,527.91	16.09%
8	合计	1,262,387.01	206,684.34	16.37%

图 4-79 带总计的联合查询最终结果

4.7.5 【示例五】动态口径查询

数据准备：

在动态口径中存放想要查询的方式，如在此例中，分别通过货主城市、货主地区和货主名称进行查询。

关键技术点：

①动态口径参数设置。

②显示列名称的修改。

具体步骤：

Step1：新建一个智能查询，在查询对象中新建查询参数，命名为"动态统计口径"，同时，对金额字段进行求和设置。如图 4-80 所示：

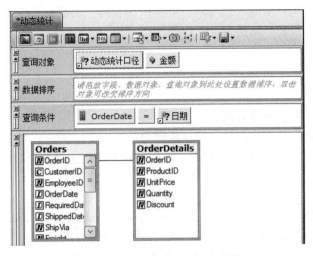

图 4-80　创建动态统计查询界面

Step2：把【数据源】或【信息域】中所需字段拖放到参数的"参数值来源"中。如图 4-81 所示：

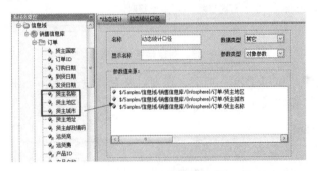

图 4-81　设置参数值来源

Step3：点击刷新数据，选择相应的动态统计口径。效果如图 4-82 所示：

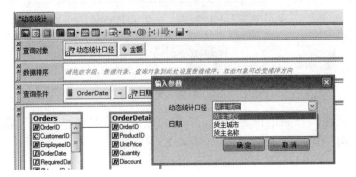

图 4-82　选择动态统计口径

4.7.6 【示例六】数据钻取

数据准备：

在此例中，从货主地区钻取到城市和产品查询，需要做三个查询，分别是地区销售、城市销售和产品销售。

关键技术点：

①refresh。

②popup。

数据钻取一般有两种方式。

数据钻取第一种方式的具体操作步骤为：

Step1：新建"地区销售"查询，查询对象为"货主地区"和"金额"，查询条件为"日期"。如图4-83所示：

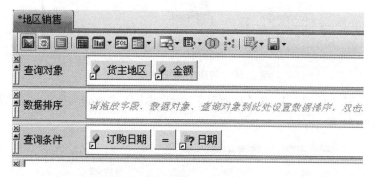

图4-83 创建地区销售查询

Step2：新建"城市销售"查询，查询对象为"货主城市"和"金额"，查询条件为"日期"和"货主地区"。如图4-84所示：

图4-84 创建城市销售查询

Step3：新建"产品销售"查询，查询对象为"产品名称"和"金额"，查询条件为"日期"和"货主地区"。如图4-85所示：

图 4-85 创建产品销售查询

Step4：数据钻取。刷新地区销售，右键点击"货主地区"，选择"链接到…"。如图 4-86 所示：

图 4-86 设置数据钻取链接

在弹出的对话框中选择"refresh"，然后点击后面的省略按钮。如图 4-87 所示：

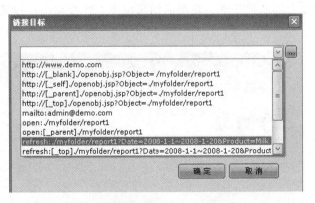

图 4-87 选择链接目标

在弹出的对话框中，选择要链接到的查询。如图 4-88 所示：

图 4-88　选择链接查询

点击图标，输入名称。如图 4-89 所示：

图 4-89　选择链接目标名称

Step5：重复上述链接步骤，将产品销售也按上述步骤进行设置，确定。如图
4-90 所示：

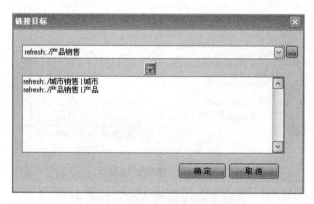

图 4-90　设置多项链接目标

结果：点击表格视图中的"货主地区"下的字段，就会出现一个选择框。如图 4-91 所示：

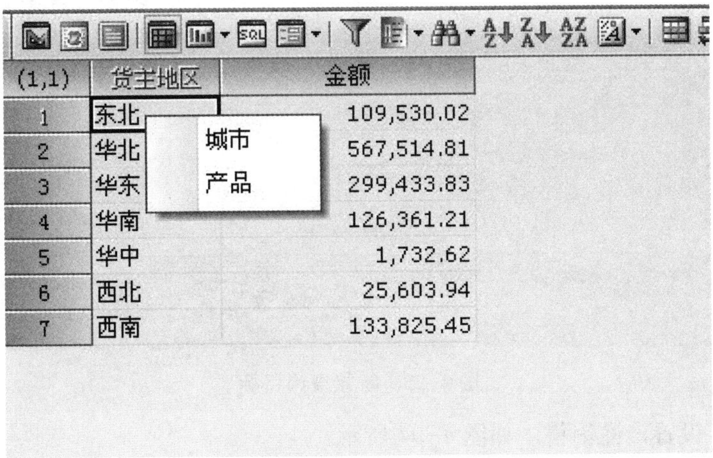

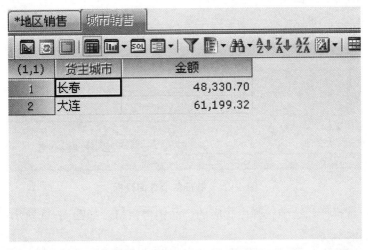

图 4-91　数据钻取选择框

选择城市，可看见出现的对应地区的城市销售情况。如图 4-92 所示：

图 4-92　钻取城市销售数据结果

数据钻取第二种方式的具体操作步骤为：

Step1：同数据钻取的第一种方式。

Step2：同数据钻取的第一种方式。

Step3：同数据钻取的第一种方式。

Step4：第二种方式的数据钻取。同样点击省略按钮，在弹出的对话框中选择要进行链接的查询。

这里注意，在选择查询后，一定要在后面加上-m 和-r。-m 表示模态弹出窗口，-r 表示刷新。如图 4-93 所示：

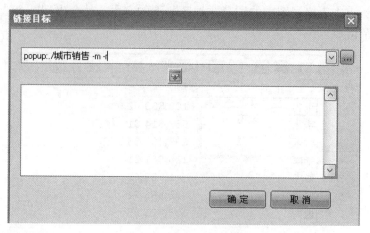

图 4-93　链接查询目标

同理，设置产品销售。如图 4-94 所示：

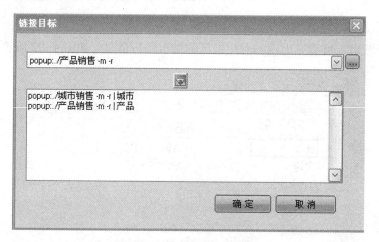

图 4-94　链接多项查询目标

结果：选择产品选项，弹出相应的产品销售窗口。如图 4-95 所示：

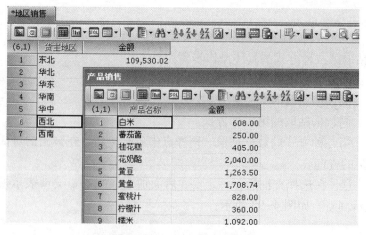

图 4-95　数据钻取最终结果

4.7.7 【示例七】示警器

数据准备：

对于库存预警查询，需要有产品名称、库存量、再订购量。应新建两个对象用来判断是否低于订购点，低于安全库存多少。

关键技术点：

①示警器的创建。

②邮件示警的创建。

具体步骤：

Step1：构建一个"基于智能构造器"的查询，拖入所要查询的对象，并新建两个查询对象，分别是"低于库存数量"和"是否达到再订购点"。

"低于库存数量"编辑对象，如图4-96所示：

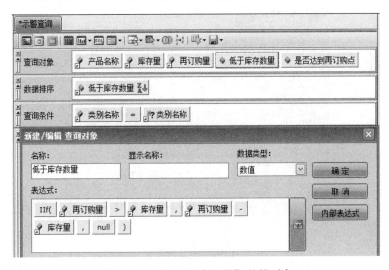

图4-96 "低于库存数量"编辑对象

"是否达到再订购点"编辑对象，如图4-97所示：

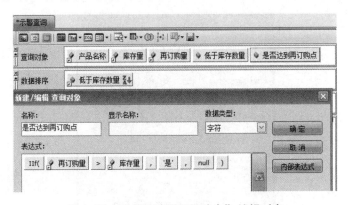

图4-97 "是否达到再订购点"编辑对象

Step2：刷新数据，然后在右侧的工作区里新建示警器。如图4-98所示：

4
智能查询

图 4-98　新建示警器

示警器设置如图 4-99 所示：

图 4-99　设置示警器

注意：如果有勾选发邮件，则应该在【系统设置】—【E-mail 账户配置】里进行相应的设置。如图 4-100 所示：

图 4-100　示警器邮件发送设置

Step3：刷新数据后，我们可以看到最终结果。如图 4-101：

示警查询

(1,1)	产品名称	库存量	再订购量	低于库存数量	是否达到再订购点
1	**肉松**	**4**	**20**	**16**	**是**
2	**苏打水**	**15**	**30**	**15**	**是**
3	**蕃茄酱**	**13**	**25**	**12**	**是**
4	**牛奶**	**17**	**25**	**8**	**是**
5	**柳橙汁**	**17**	**25**	**8**	**是**
6	味精	39	5	0	
7	汽水	20	0	0	
8	啤酒	111	15	0	
9	蜜桃汁	20	15	0	
10	苹果汁	39	10	0	
11	绿茶	17	15	0	
12	矿泉水	52	10	0	
13	运动饮料	69	5	0	

图 4-101　示警查询最终结果

4.7.8　【示例八】行列转换

数据准备：

可以运用 Crosscolumn 完成数据库内行列互换的要求，运用 Northwind 数据库下的 code 表进行操作，也可以基于准备的 excel 文件完成。

关键技术点：

①Excel 的导入。

②Crosscolumn 应用。

具体步骤：

Step1：创建 excel 表。如图 4-102 所示：

crosscolumn.xlsx

	A	B	C	D
1	code	class	name	
2	1	性别	女	
3	2	性别	男	
4	1	民族	汉族	
5	2	民族	蒙古族	
6	3	民族	维吾尔族	
7	1	学历	本科	
8	2	学历	专科	
9	4	学历	研究生	
10	2	职称	高工	
11	3	职称	工程师	
12	4	职称	助工	
13	3	职位	总裁	
14	4	职位	部门经理	
15				

图 4-102　创建 excel 表格

Step2：导入。在设计器中新建查询，选择从 Excel 中导入。刷新后保存。如图 4-103 所示：

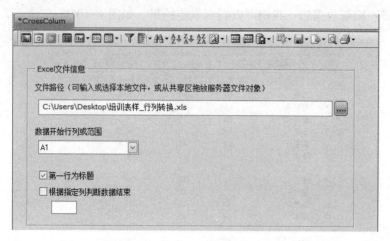

图 4-103　从 Excel 中导入建立查询

Step3：创建一个"基于现有查询"的查询，然后将上个步骤中的查询拖入"源查询"中，再新建一个"动态列"的对象。如图 4-104 所示：

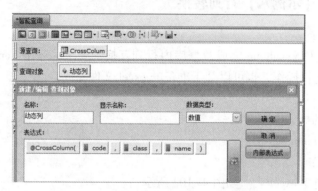

图 4-104　创建"基于现有查询"的查询

刷新后，得到最终结果。如图 4-105 所示：

图 4-105　行列转换最终结果

5 表格式智能报表

5.1 表格式智能报表概述

表格式智能报表，是 BQ 商业智能平台提供的一个功能强大的、独立的报表制作组件。表格式智能报表的设计定位是 Excel 的嵌入式工具，故其界面风格、操作流程均可做到与 Excel 完美结合。

表格式智能报表的设计吸纳了国内外大量数据统计报表的需求来源和制作流程，用户只需明确报表的数据来源，即可通过表格式智能报表方便快捷地完成整个报表格式、报表数据的制作。

5.1.1 表格式智能报表概念

何谓"表格式"，即报表的行、列标题是表格式的，报表中每个单元格数据均由独立的公式定义生成。表格式报表在报表格式、数据取数以及报表运算方面有别于动态报表。"表头设计"可以帮助用户完成烦琐的报表格式定义；"报表汇总"可以帮助用户完成费时的报表汇总工作；"新建公式"可以帮助用户完成复杂的数据取数过程。

5.1.2 表格式智能报表应用

表格式智能报表适用于制作行列固定且运算复杂的统计报表，每一个单元格都可以包含一条 SQL 取数，目前主要应用于社保、公安、医保、房地产、税务等行业。

适用于制作 Excel 报表，也就是说那些希望在 Excel 中编辑报表数据的客户可以随心所欲地在 Excel 中编辑报表。因为表格式智能报表本身就是一个 Excel 格式文件，而它又运用了 BQ 商业智能平台取数的方便性和快捷性，加上 Excel 的表格绘制的易用性，两者结合在一起使得客户能随心所欲地制作报表数据。

5.1.3 表格式智能报表特点

表格式智能报表与 Excel 的完美结合，既保留了 Excel 的所有功能，同时又加入了 BQ 商业智能平台特有的取数功能。

其界面风格及操作流程均能与 Excel 无缝集成，可将公式、查询、参数、文本、等对象直接拖放至 Excel 中，也可将表格式报表直接保存为 Excel 文件，并以 Excel 文件格式导入、导出。

便捷的表头设计，行/列表头（可以设计 N 个层次，不设上限）以及斜线表头和拐弯报头，均可通过简单的操作自动生成。

因为表格式智能报表本身就是一个 Excel 文件，所以报表导出到 Excel 是完全不失真的。

由于 Excel 本身的限制，最多只能显示六万多行的记录，所以当数据超过6万多行且都需要显示时，则建议采用排版式智能报表来制作。

5.2　表格式智能报表工具栏

表格式智能报表工具栏主要包括：

（1）模式切换按钮：点击该按钮右侧的小箭头，展开的选项框如图 5-1 所示：

图 5-1　模式切换选项框

勾选"设计模式"可以切换到报表的设计模式或浏览模式。

勾选下面的"显示参数域"及其他三项，分别表示显示或隐藏该域。

（2）脚本编辑器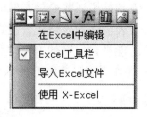：在脚本编辑器中，可通过写代码的方式实现部分功能。

（3）全屏显示：在全屏状态下查看报表。

（4）在 Excel 中编辑：点击该按钮右侧的小箭头，展开的选项框如图5-2 所示：

图 5-2　在 Excel 中编辑选项框

在 Excel 中编辑：将报表切换到 Excel 中进行编辑。

Excel 工具栏：勾选该选项，可显示出与当前 Excel 版本相同的常用工具栏。

如图 5-3 所示：

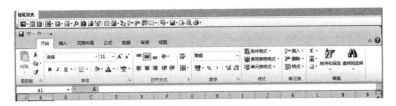

图 5-3　切换 Excel 编辑工具栏

导入 Excel 文件：在做报表时，选择此项导入 Excel 文件或报表外观。

使用 X-Excel：默认用友为 BQ 商业智能平台内核，不勾选此项时，表示系统默认 Microsoft Office Excel 为报表内核。

（5）数据透视表 ：点击该按钮右侧的小箭头，展开的下拉列表如图 5-4 所示：

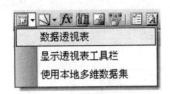

图 5-4　数据透视表选项框

数据透视表：在 BQ 商业智能平台中设计数据透视表时，直接点选该项，然后对弹出的对话框进行设置。如图 5-5 所示：

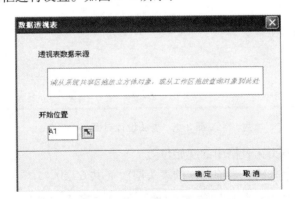

图 5-5　数据透视表对话框

显示透视表工具栏：显示数据透视表的工具栏。

（6）插入/编辑斜线表头 ：点击该按钮右侧的小箭头，展开的下拉列表如图 5-6 所示：

图 5-6　插入/编辑斜线表头下拉框

插入/编辑斜线表头：如果报表的表头是多栏的，则用此功能插入斜线表头。如图 5-7 所示：

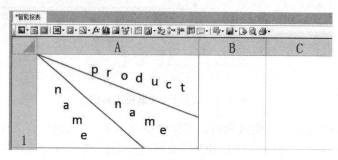

图 5-7　多栏表头报表

表头设计：在此可以制作"列表头"和"行表头"。如图 5-8 所示：

图 5-8　表头设计界面

开始位置：表头在表格中的起始位置。

通过选择数字来确定当前制作的表头层次（共 6 层）。

上下箭头控制标题位置，左右箭头控制标题层次，分别是在已选中标题之前插入新标题和在已选中标题之后插入新标题。

双击标题名称修改并设置显示内容，如果不需要显示标题名称，请勾选"生成表格不应用文字"。

（7）在报表中插入函数。如图 5-9 所示：

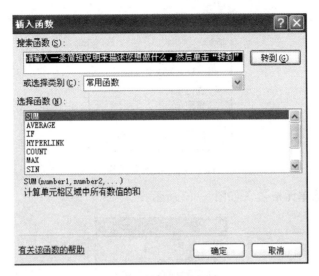

图 5-9　插入函数界面

（8）在报表中插入图表 。

（9）在报表中插入图片。

（10）在报表中插入其他对象。

（11）参数域：如果报表中设计了参数域，点此按钮可以为参数域选值，该按钮用于非自动扩展和自动填充时的设置，固定某个范围内的数据。操作时用光标选中参数域，且那个参数域已经绑定了查询项，在非设计模式下就能用了。

（12）单元格设置：点击该按钮右侧的小箭头，展开的下拉列表，如图5-10所示：

单元格格式
条件格式
自动套用格式
背景图 …
合并单元格
取消合并单元格
清除格式(C)

图 5-10　单元格设置选项框

单元格格式：设置报表中每个单元格的格式。

条件格式：设置数据过滤条件。

自动套用格式：自动套用 Excel 固有的格式设置。

背景图：为报表设计区域设置背景图。

合并单元格：将多个单元格合并为一个单元格。

清除格式：清除所有格式设置。

（13）插入单元格。如图 5-11 所示：

图5-11　插入单元格

（14）删除单元格 。如图5-12所示：

图5-12　删除单元格

（15）冻结窗口 ⊞：该功能与Excel中的冻结窗口完全相同，当报表内容较多时，拖动滚动条，表头部分可能就无法显示了，也就无法知道后面的数据具体是哪个项目下的。冻结窗口就是无论怎样拖动滚动条，始终显示表头部分。

（16）追加新 sheet ：点击该按钮右侧的小箭头，展开的下拉列表如图5-13所示：

图5-13　追加新 sheet

追加新 sheet：在当前 sheet 后增加新的 sheet 表。

插入新 sheet：在当前 sheet 前插入新的 sheet 表。

复制当前 sheet：复制当前 sheet 表中的数据。

粘贴当前 sheet：粘贴"复制当前 sheet"中的数据。

删除当前 sheet：删除当前 sheet 表。

保护/解除保护工作表：为工作表加编辑密码。

设置报表分区：划分报表分区，一个报表可以划分为多个区，不同区展示不同的数据或有相关性的数据。

显示页签：勾选此项，系统会显示如图 5-14 的内容：

图 5-14　显示页签

显示网格线：显示 Excel 表格虚线。如图 5-15 所示：

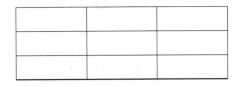

图 5-15　显示网格线

（17）刷新数据：点击该按钮右侧的小箭头，展开的下拉列表，如图 5-16 所示：

图 5-16　刷新数据下拉列表

刷新数据：刷新当前报表中的数据，从数据库中取出最新数据。

按指定行数刷新：限制刷新后的数据的行数。

刷新当前页数据：即只刷新当前 sheet 的数据。

计算：根据报表中的计算域与参数域或公式函数等进行计算，但不与数据库交互取数。

数据校验：如果报表中有数据检验公式，该按钮会激活，点击后会根据数据检验公式检验报表中的数据。

执行汇总：当报表中有汇总域时，点击此选项可执行汇总域。

填充数据域：如果报表中有数据域，点击此按钮可为该数据域填充数据。

打开即刷新：打开报表的同时即从数据库中取出最新的数据。

在批注中显示计算表达式：在报表数据单元格中显示计算表达式。效果如图 5-17 所示：

甲栏	序号	月初累计欠费		本月新欠累计			
		户数	合计金额	户数	合计金额	本金	利息
	序号	1					6
总计	1	222	Count（ [月初累计欠缴金额].[公司名称] ） WHERE [月初累计欠缴金额].[年月] ＜ {？' 年月'}			.5	153.3938
东北	2	13				0	0
华北	3	103	7601.25	11	7195.93	7195.93	89.94913
华东	4	38	3853.17	9	4310.13	4310.13	53.87663

图 5-17　在批注中显示计算表达式

启用高速计算：高速计算使用表达式缓冲技术，可减少每次运算解析表达式的时间。当参数域、计算域改变后，系统清除缓冲。由于第一次计算完毕需要用较长的时间来对数据进行存盘，所以速度会大大减慢，成功存盘后，刷新将非常快，从而提高了日后运算报表的工作效率。

清空高速计算缓存：该功能一般无需手动操作。系统会自动判断缓冲区的可用情况，自动更新缓冲区。

（18）保存/暂存：点击该按钮右侧的小箭头，展开的选项框如图 5-18所示：

图 5-18　保存/暂存选项框

保存：保存当前打开的报表对象。

快速暂存：用于临时误操作，或其他异常导致断开服务器时的快速保存功能，在下次登录服务器时，系统会提示对上次暂存的内容进行保存。

（19）导出报表：可以以六种类型导出并保存。如图 5-19 所示：

图 5-19　导出报表

（20）报表预览 ：完全以 Excel 的格式预览当前报表。

（21）打印报表 ：点击该按钮右侧的小箭头，展开的下拉列表如图 5-20 所示：

图 5-20　打印报表下拉列表

直接打印：不做任何设置，点击后直接打印报表。

打印：选此选项，弹出打印机的设置选项。

打印设置：设置页面尺寸、页边距、页眉页脚等相关参数。

5.3　新建表格式智能报表

5.3.1　新建表格式智能报表

在系统共享区中点击右键，选择新建【智能报表（表格式）】。如图 5-21 所示：

图 5-21　新建表格式智能报表

5.3.2　为报表新建智能查询

在右侧【工作区】查询节点位置右键选择【新建智能查询】。如图 5-22 所示：

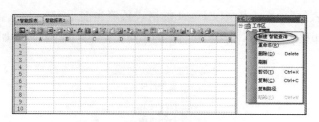

图 5-22　工作区新建智能查询

智能查询的创建方法参见第四章智能查询介绍的实例。查询创建并设置完毕后的效果如图 5-23 所示：

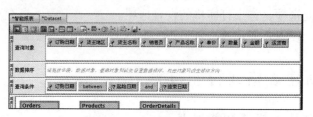

图 5-23　创建智能查询

设计完成后刷新数据并保存。

5.3.3　新建公式

回到智能报表，在右边工作区新建公式，在表达式中新建前台函数，@ Concatenate 用来连接字符串，@ Parameter 用来获取参数值。效果如图 5-24 所示：

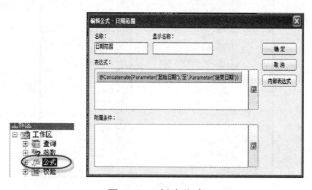

图 5-24　新建公式

5.3.4　绘制报表格式

Step1：在相应的区域进行设置，在日期位置，右键设置为【计算域】，将公式拖入。

Step2：在下方区域设置【数据域】，并将查询拖入，右键点击该区域，勾选【自动扩展】和【显示标题】。如图 5-25 所示：

图 5-25　设置数据域

Step3：在【自动扩展】弹出对话框后根据需要进行区域选择。

5.3.5　保存刷新数据并设计表格的样式

保存并刷新数据，设置完表格的样式后便可达到最终效果（与平时设计 Excel 表格的操作方法一样）。

5.4　表格式智能报表四大域及应用

5.4.1　表格式智能报表四大域

1. 表格式智能报表参数域

参数域是表格式智能报表的四大域之一，包括行参数域和列参数域两种。

行参数域：参数域里包含的单元格是从上到下排列着的。

列参数域：参数域里包含的单元格是从左到右排列着的。

下面举例说明参数域的使用方法：

（1）在表格式报表编辑界面，选中要设为行参数域的单元格，如选中 A1 到 A8 的单元格，然后单击鼠标右键，在弹出的快捷菜单里单击"设为行参数域"的命令项。因为当前选中的单元格是自上而下排列着的，所以只有"设为行参数域"的命令项为激活状态。如图 5-26 所示：

图 5-26　设置行参数域

（2）选中“设为行参数域”，系统会弹出以下提示框提示用户。如图 5-27 所示：

BI Designer
是否逐单元设置?
是(Y)
否(N)

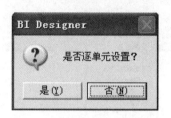

图 5-27　设置行参数域时的提示框

（3）如果在提示框中选择“否”，行参数域将会把选中的单元格整合显示。如图 5-28 所示：

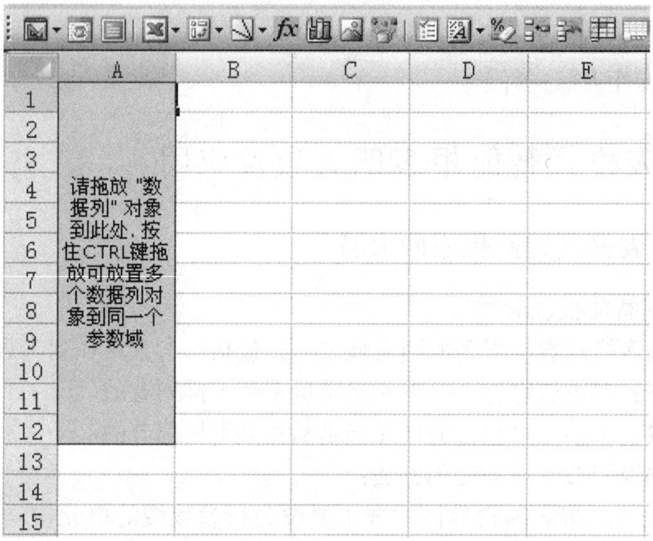
A
B
C
D
E
请拖放"数据列"对象到此处，按住CTRL键拖放可放置多个数据列对象到同一个参数域

图 5-28　整合设置单元格

（4）如果在提示框里选择“是”，行参数域将会对选中的单元格逐行设置，所以我们在配置参数的时候也要逐行设置。如图 5-29 所示：

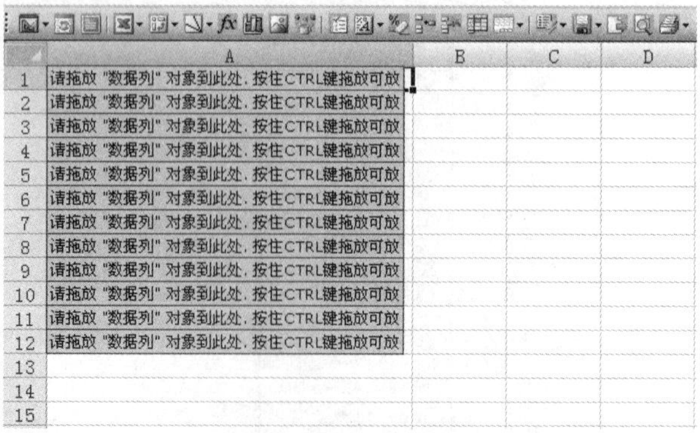
A
B
C
D
请拖放"数据列"对象到此处，按住CTRL键拖放可放

图 5-29　逐行设置单元格

（5）把工作区里查询目录下的某一查询的查询项拖到参数域，如图 5-30 所示，把某一查询的"货主地区"查询项拖到"行参数域"。

图 5-30　拖放查询项至参数域

（6）选中参数域范围内的某一单元格，然后单击鼠标右键，在弹出的快捷菜单里选择"参数域选值"命令项或单击快捷功能区的"参数域选值"功能按钮。如图 5-31 所示：

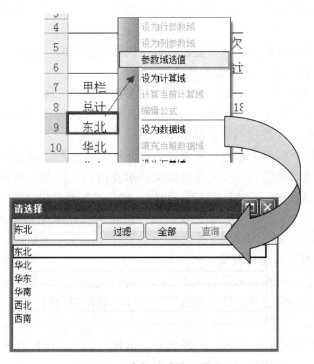

图 5-31　参数域选值设置界面

（7）在上面可供选择的值列表中选择一个值双击，或单击选中一个值，然后单击"确定"按钮，选择的值会显示到相应的单元格里。给"行参数域"范围内多个单元格选值后，效果如图 5-32 所示：

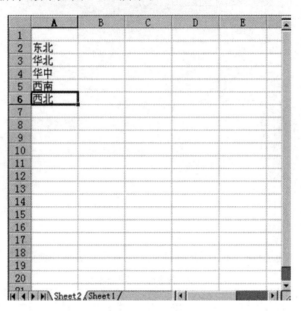

图 5-32 参数域选值的结果

说明：

用户可一次性选中多个单元格列或单元格行，然后一次性设置多个行参数域或列参数域。

设为参数域的区域会显示为蓝色，单击快捷功能区的"显示参数域"功能按钮，可进行切换显示/不显示参数域区域。

构建好的参数域会自动显示在工作区的参数域目录下面。

当对参数域里的某一单元格进行选值时，用户可以在"请选择"的值选择框里按住 Ctrl，或 Shift 按钮同时选择多个值。

用户也可以同时选中参数域里的多个单元格，然后在"请选择"的值选择框里按住 Ctrl 键进行选值，选择的值会依次显示在被选中的每一个单元格里。如用户同时选择了参数域中的 A1 到 A3 单元格，然后进行参数域选值，选值时，按住 Ctrl 键，选择了华东、华南、华北数据值，选择后，在单元格里将显示为：A1：华东；A2：华南；A3：华北。

2. 表格式智能报表计算域

计算域是能进行报表运算的区域，用户可以把公式、参数、文本、查询项等对象直接拖到计算域，当进行报表运算后，计算域范围内的单元格会自动显示出对象相应的值。

它的计算内容包括：求和、求最大值、求最小值、求行数、求平均值。

它的颜色：用黄色表示。

3. 表格式智能报表数据域

数据域：用于显示查询的数据，类似于动态报表中的标准报表，数据域可以根据查询中的数据量的变化而动态显示行数和列数。

下面举例说明数据域的使用方法：

定义数据域：在报表操作区中至少选中三行表格，右击选择"设置为数据域"，即会出现如图 5-33 所示的数据域。

图 5-33　数据域界面

设置数据来源：将报表工作区中的查询或查询下的某几列拖到上图的方框中即可，如果拖入整个查询文件，则整个查询的每列数据都可以成为数据域的数据来源，如果只拖入查询目录下的某几列查询项，则所拖放过去的几项将成为数据域的数据来源。

编辑数据域：点中数据域，右击可做如图 5-34 所示的操作。

图 5-34　编辑数据域

删除：可以删除所建立的数据域。

隐藏标志：在设计模式下，如果选择隐藏标志，则绿色的区域不再显示。重新切换"设计模式"时，该区域会重新显示。

最适合的列宽：系统将自动根据数据内容调整合适的列宽。

数据来源：可以设置当前数据域的数据来源，或者通过此命令修改数据域的数据来源，点击此命令会弹出如图 5-35 所示的界面。

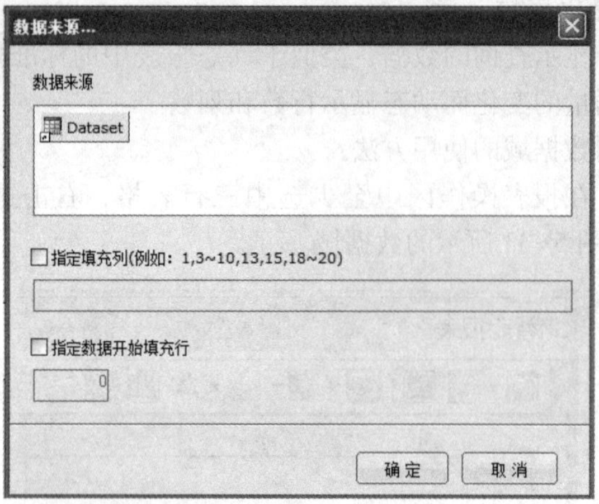

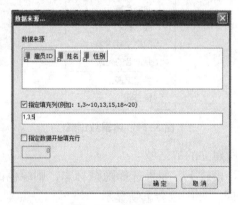

图5-35 设置数据来源

说明:

数据来源:如果曾经设置过数据来源,则在图5-35的白色框内会显示已经设置好的数据来源,用户可以增加或删除某项数据来源;如果以前没有设置过数据来源,则会像图5-35一样显示空白,用户可以从报表的属性区中将相应的查询或查询列拖到此空白处。

指定填充列:是指每项数据来源填充在哪一列。

例如:某用户在数据来源中指定了3项查询列,他(她)可以指定第一项数据来源填充在第一列,第二项数据来源填充在第三列,第三项数据来源填充在第五列,因为他(她)需要在第二、四、六列插入一些Excel的运算公式。如图5-36所示:

图5-36 指定填充列

链接到:能将此数据域的数据链接到另一个报表或查询中。

4. 表格式智能报表汇总域

对多张格式相同的报表按指定汇总规则进行汇总时,则需要用到表格式报表第四大域——汇总域,在后面的实例当中会重点讲到汇总域的实际应用。

5.4.2　表格式智能报表的应用

1. 表格式智能报表的运算

用户可以选中计算域范围内的某一单元格，然后单击鼠标右键，单击"计算当前计算域"命令项对选中的单元格所在的计算域进行计算。

说明：

当报表进行运算时，计算域里所绑定的公式会在同行里往左、右，在同列里往上、下寻找参数域，当参数域里的拖入的查询项与同行或同列里的公式里所用到的查询项是在同一个查询时，此公式就会把同行或同列的参数域的值作为计算时的条件。

如果用户想要计算域里的公式不受对应的参数域影响，用户可选中计算域，然后在"计算域"的属性区里，去掉"应用参数域"前面的勾选。

表格式报表的计算域具有高速计算功能，虽然保留了旧模式下的普通计算功能，但是新建报表时默认启用高速计算（在表格式报表的主菜单中可进行设置）。高速计算使用表达式缓冲技术，可减少每次运算解析表达式的时间。当参数域、计算域改变后，系统清除缓冲。第一次计算速度会大大减慢，计算完毕后存盘，以后刷新将非常快。在主菜单中提供"清空缓冲区"功能，但一般无需使用。系统会自动判断缓冲区的可用情况，自动更新缓冲区。

2. 报表设计功能

超强的表格式智能报表新模型功能：不仅报表数据能随数据库数据动态扩展，同时报表的格式也会随数据扩展。典型的动态扩展功能包括以下几点：

（1）垂直动态扩展。

垂直动态扩展，即报表内容可以根据数据库的数据自动进行垂直方向的扩展。如图 5-37 所示：

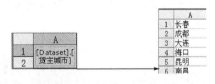

图 5-37　垂直动态扩展

（2）水平动态扩展。

水平动态扩展，即报表内容可以根据数据库的数据自动进行水平方向的扩展。如图 5-38 所示：

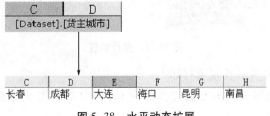

图 5-38　水平动态扩展

（3）级联动态扩展。

①级联垂直动态扩展。当两个参数之间有嵌套层次关系时，在动态扩展的同时两个行参数域就都会随数据库的数据动态扩展。如图5-39所示：

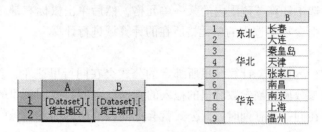

图5-39 级联垂直动态扩展

②级联水平动态扩展。当两个参数之间有嵌套层次关系时，在动态扩展的同时两个列参数域就都会随数据库的数据动态扩展。如图5-40所示：

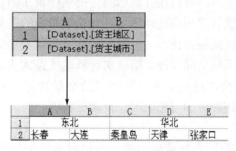

图5-40 级联水平动态扩展

（4）多片扩展。

多片扩展表示数据不仅可以自动扩展，同时如果报表中含有多层行参数与列参数，多重参数之间是嵌套关系，同样可以自动扩展，不仅如此，报表可以被分成多个区域即多片，不同片的报表格式不同、数据来源不同，但可以在同一张报表中动态扩展。如图5-41所示：

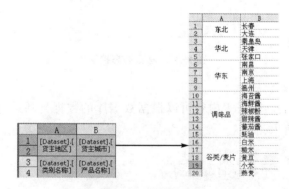

图5-41 多片扩展

3. 报表图形化展示及报表打印

表格式报表的图表展示方法完全使用Excel自带的图表工具，使用简便，无缝集成。

表格式报表的打印与打印 Excel 文件完全相同，排版方法也与排版 Excel 文件一致，这里不再一一详述。

5.5 效果展示

数据准备：

做一个销售清单的智能查询（如图 5-42），基本的数据有订购日期、货主地区、货主名称、销售员、产品名称、单价、数量、金额和运货商。

关键技术点：

①数据域的应用。

②前台函数 Concatenate（）的应用。

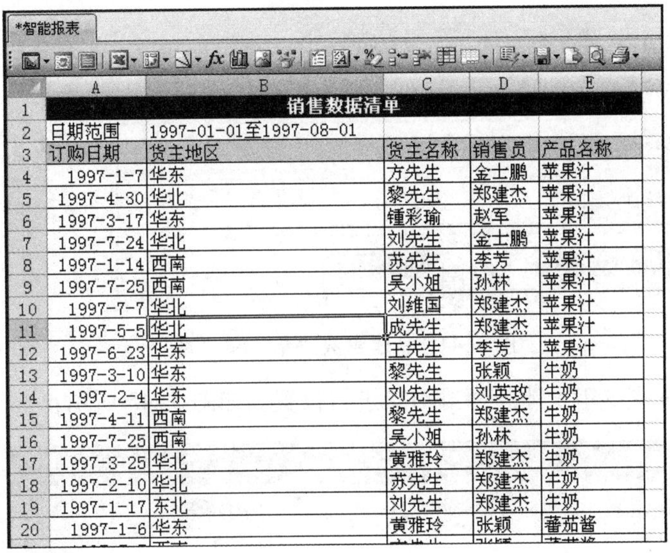
*智能报表

	A	B	C	D	E
1	销售数据清单				
2	日期范围	1997-01-01至1997-08-01			
3	订购日期	货主地区	货主名称	销售员	产品名称
4	1997-1-7	华东	方先生	金士鹏	苹果汁
5	1997-4-30	华北	黎先生	郑建杰	苹果汁
6	1997-3-17	华东	锺彩瑜	赵军	苹果汁
7	1997-7-24	华北	刘先生	金士鹏	苹果汁
8	1997-1-14	西南	苏先生	李芳	苹果汁
9	1997-7-25	西南	吴小姐	孙林	苹果汁
10	1997-7-7	华北	刘维国	郑建杰	苹果汁
11	1997-5-5	华北	成先生	郑建杰	苹果汁
12	1997-6-23	华东	王先生	李芳	苹果汁
13	1997-3-10	华东	黎先生	张颖	牛奶
14	1997-2-4	华东	刘先生	刘英玫	牛奶
15	1997-4-11	西南	黎先生	郑建杰	牛奶
16	1997-7-25	西南	吴小姐	孙林	牛奶
17	1997-3-25	华北	黄雅玲	郑建杰	牛奶
18	1997-2-10	华北	苏先生	郑建杰	牛奶
19	1997-1-17	东北	刘先生	郑建杰	牛奶
20	1997-1-6	华东	黄雅玲	张颖	蕃茄酱

图 5-42　销售清单报表

5.6 示例集

5.6.1 【示例一】数据域（销售员销售业绩分析表）

数据来源：

销售员销售业绩分析，需要有销售员、本月销售金额、本年累计、去年同期等相应字段。

关键技术点：

数据域数据来源的范围设置。

具体步骤：

Step1：新建 Excel 表格，在右边的工作区内新建查询。如图 5-43 所示：

销售员销售业绩分析表

销售员	本月销售金额	占比	本年累计	占比	去年同期	同比增长
合计						

图 5-43　新建 Excel 表格

Step2：在查询对象下，在右侧工作区参数节点下新建参数"年"和"月"（具体参数设置参照第 4 章中的"智能查询"）。如图 5-44 所示：

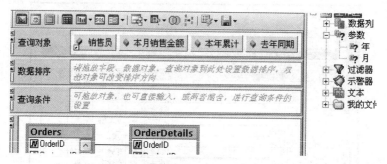

图 5-44　新建参数"年"和"月"

其中，对"本年累计"字段对象进行设置。如图 5-45 所示：

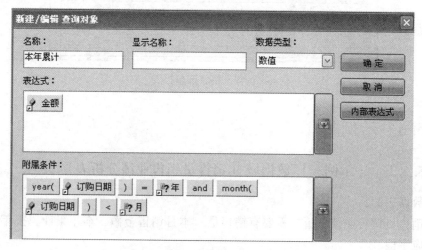

图 5-45　设置"本年累计"字段对象

对"去年同期"字段对象进行设置。如图 5-46 所示：

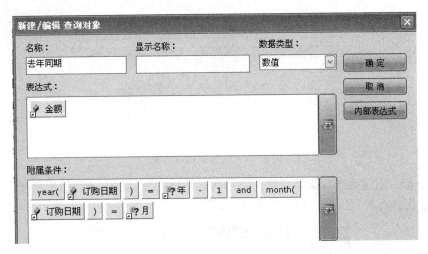

图 5-46 设置"去年同期"字段对象

Step3：刷新结果并保存，回到智能报表。选中数据区域，注意大于三行，单击右键，选择设为数据域。如图 5-47 所示：

销售员销售增长

销售员	本月销售金额		占比	去年同期	同比增长
合计					

右键菜单项：
- 设为行参数域
- 设为列参数域
- 参数域选值
- 设为计算域
- 计算当前计算域
- 编辑公式
- 设为数据域
- 填充当前数据域
- 设为汇总域
- 计算当前汇总域

图 5-47 设为数据域

数据域设置后如图 5-48 所示：

销售员销售增长

销售员	本月销售金额	占比	本年累计	占比	去年同期	同比增长
		请拖放"智能查询,数据列"对象到此处				
合计						

图 5-48 数据域界面

Step4：将右侧"工具区"中的"查询"节点展开，将查询下的查询拖放至指定位置。如图 5-49 所示：

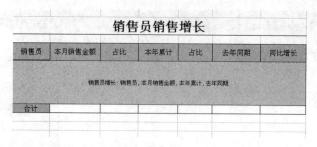

图 5-49　拖放数据域对象

Step5：右键点击数据域，将"显示标题"前的复选框去掉，因为已经设置了标题，再选择数据来源。如图 5-50 所示：

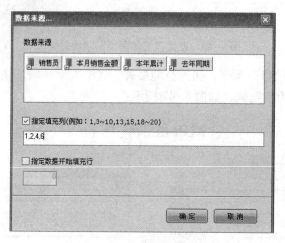

图 5-50　设置数据来源

Step6：点击"确定"后，刷新数据，在弹出的"输入参数"框中输入参数。如图 5-51 所示：

销售员销售增长

销售员	本月销售金额	占比	本年累计	占比	去年同期	同比增长
张颖	5104.7		48757.315		5555.899993	
王伟	57.5		39827.95		1814	
李芳	5831.599999		63776.957		3452.079998	
郑建杰	16485.54		71093.55		3379.975	
赵军	3585.574999		16533.475		0	
孙林	3576.437498		19006.45		2540.119999	
金士鹏	6706.592459		37110.242		479.4	
刘英玫	4493.724994		29698.007		8263.799996	
张雪眉	1446		6682.88		0	
合计						

图 5-51　刷新后的智能报表

Step7：最后的"合计"行，在对应的各个数据列下输入相应的 Excel 公式，即进行 Sum（B5：B13）求和。

在占比和同比增长中也是相应地输入 Excel 公式。如占比＝D5/＄D＄13 等。因为可能会有 0 的情况出现，因此可以使用 if（）函数对 0 的情况进行处理。如图 5-52 所示：

销售员销售增长

销售员	本月销售金额	占比	本年累计	占比	去年同期	同比增长
张颖	5104.7	10.79%	48757.315	14.66%	5555.899993	91.88%
王伟	57.5	0.12%	39827.95	11.98%	1814	3.17%
李芳	5831.599999	12.33%	63776.957	19.18%	3452.079998	168.93%
郑建杰	16485.54	34.86%	71093.55	21.38%	3379.975	487.74%
赵军	3585.574999	7.58%	16533.475	4.97%	0	#DIV/0!
孙林	3576.437498	7.56%	19006.45	5.72%	2540.119999	140.80%
金士鹏	6706.592459	14.18%	37110.242	11.16%	479.4	1398.96%
刘英玫	4493.724994	9.50%	29698.007	8.93%	8263.799996	54.38%
张雪眉	1446	3.06%	6682.88	2.01%	0	#DIV/0!
合计	47287.66995		332486.83		25485.27499	

图 5-52　输入公式后的智能报表

5.6.2　【示例二】行自动扩展（产品销售月报表）

数据来源：

销售月报表，可以从地区产品的角度处理。此例中有产品大类、名称、数量、金额、上月销售金额、增长率。

关键技术点：

①参数域重叠设置。

②字符串合并。

③级联对象参数域的设置。

具体步骤：

Step1：画出报表模板，并在工作区建立相应的查询。模板样式如图 5-53 所示：

东北产品销售月报表

报告日期：					
区域：					
产品大类	产品名称	销售数量	销售金额	上月销售金额	增长率
合计					

图 5-53　产品销售月报表模板

Step2：建立报表所需查询。如图 5-54 所示：

图 5-54　产品销售月报表查询

Step3：建立标题公式，因为在此示例中，标题内的地区要随着地区参数选择的不同而变化。如图 5-55 所示：

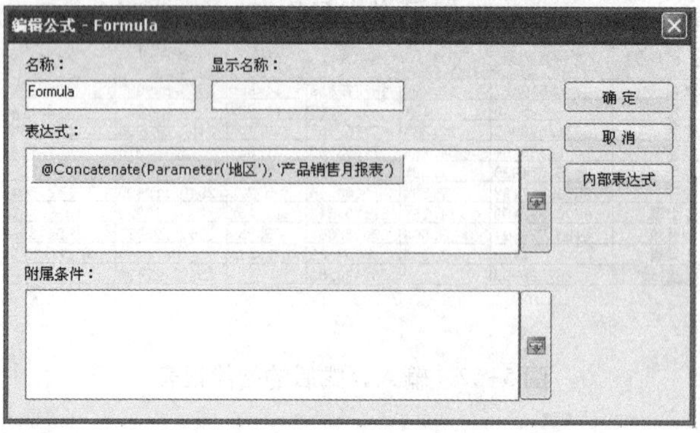

图 5-55 设置标题公式

Step4：具体参数设置如图 5-56 所示。产品名称后有一个小计，设置步骤如下：①点击产品名称参数域。②在属性区的参数域区域内，将范围缩小为一个单元格。同理设置销售金额、销售数量和上月销售金额等。最终设置如图 5-56 所示：

产品大类	产品名称	销售数量	销售金额	上月销售金额	增长率

图 5-56 设置参数域和计算域

Step5：刷新并保存数据。最终结果如图 5-57 所示：

华北产品销售月报表

报告日期：1998年3月
区域：华北

产品大类	产品名称	销售数量	销售金额	上月销售金额	增长率
点心	饼干	60	984.18	261.75	276.00%
	蛋糕	45	427.50		#DIV/0!
	桂花糕	15	1215.00		#DIV/0!
	花生	12	120.00	580.00	-79.31%
	绿豆糕	80	750.00	475.00	57.89%
	棉花糖	5	156.15		#DIV/0!
	牛肉干	30	1317.00		#DIV/0!
	巧克力	24	336.00	70.00	380.00%
	山渣片	130	5842.05	1725.50	238.57%
	薯条	68	1360.00		#DIV/0!
	糖果	12	110.40		#DIV/0!
	玉米饼	24	390.00		#DIV/0!
	小计	505	13008.28	3112.25	317.97%
调味品	海鲜酱	30	855.00		#DIV/0!
	酱油	48	1180.00		#DIV/0!
	辣椒粉	15	195.00	520.00	-62.50%
	甜辣酱	95	4170.50		#DIV/0!
	蚝油	18	262.58		#DIV/0!
	小计	206	6663.07	2897.02	130.00%

图 5-57 产品销售月报表最终结果

5.6.3 【示例三】行列固定（销售趋势分析）

数据准备：

从年月的角度进行销售趋势分析，需要准备年份、月份和金额数据。

关键技术点：

①单元格格式的设置。

②图表数据域的选择。

③图表属性的修改。

具体步骤：

Step1：在右侧新建查询，查询对象如图所示。年份为 year（订购日期），月份为 month（订购日期）。如图 5-58 所示：

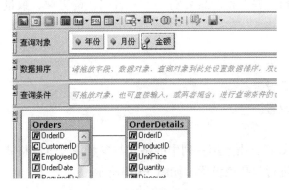

图 5-58　销售趋势分析查询

Step2：在导入的表样中设置参数域和计算域。如图 5-59 所示：

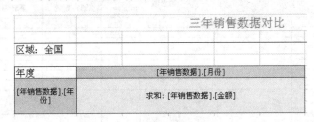

图 5-59　设置参数域和计算域

数据刷新后，需要对不规范的年份和月份的格式进行设置。如图 5-60 所示：

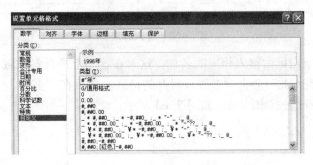

图 5-60　设置年月格式

刷新后最终结果如图 5-61 所示：

三年销售数据对比							
区域：全国							
年度	1月	2月	3月	4月	5月	6月	7月	8月
1996年							2.73	2.53
1997年	6.09	3.85	3.81	5.30	5.36	3.65	5.14	4.71
1998年	9.40	9.90	10.49	12.24	1.75			

图 5-61　销售趋势分析最终结果

5.6.4　【示例四】重点产品销售分析

数据准备：

重点产品分析，要准备产品类别、产品名称、销售额、数量、运货费和累计销售。

关键技术点：

①行参数域的设置。

②参数域重叠设置。

③级联关系设置。

具体步骤：

Step1：导入表样，由于第一列中的格式与参数域设置的格式不符，因此要多增加一列，用来进行参数域设置。如图 5-62 所示：

		销售额	运货费	销售数量	累计销售额
报告日期：					
参数区域：					
甲栏	序号	1	2	3	4
总计	1				
一、饮料	2				
1、苹果汁	3				
2、啤酒	4				
3、其他	5				
二、点心	6				
1、绿豆糕	7				
2、棉花糖	8				
3、其他	9				
三、日用品	10				
1、意大利奶酪	11				
2、其他	12				

图 5-62　导入样表

Step2：在空白区中输入相应的名称，这时在这列上进行参数域设置后不使用自动填充和扩展，此时会自动参照设置好的格式，然后在"其他"那一行中对销售额等运用 Excel 公式求结果。如图 5-63 所示：

报告日期:

参数区域:

甲栏		序号	销售额 1	运货费 2	销售数量 3	累计
总计		1				
一、饮料	饮料	2				
1、苹果汁	苹果汁	3				
2、啤酒	啤酒	4				
3、其他	其他	5	0	0	0	
二、点心	点心	6				
1、绿豆糕	绿豆糕	7				
2、棉花糖	棉花糖	8				
3、其他	其他	9	0	0	0	
三、日用品	日用品	10				
1、意大利奶酪	意大利奶酪	11				
2、其他	其他	12	0	0	0	

图 5-63　输入名称和公式

Step3：新建查询。赋值给"年"和"月"两个参数的对象，最好是新建在"信息域"中。如图 5-64 所示：

图 5-64　建立相应查询

Step4：建立参数域和计算域。刷新数据后得到结果，因为后面一栏为累计销售额，故需重新设置查询，参数为年。注意重新建立查询之后，参数域对应多个计算域，要在参数域中用 ctrl 拖进新建的对象，不用勾选"自动扩展"。如图 5-65所示：

报告日期:

参数区域:

甲栏		序号	销售额 1	运货费 2	销售数量 3
总计		1	求和:	求和:	求和: [Dataset].[
一、饮料	[Dataset].[类别名称]	2	求和: [Dataset].[金额]	求和: [Dataset].[运货费]	求和: [Dataset].[数量]
1、苹果汁		3			
2、啤酒	[Dataset].[产品名称]	4			
3、其他		5			
二、点心	[Dataset].[类别名称]	6	求和: [Dataset].[金额]	求和: [Dataset].[运货费]	求和: [Dataset].[数量]
1、绿豆糕		7			
2、棉花糖	[Dataset].[产品名称]	8			
3、其他		9			
三、日用品	[Dataset].[类别名称]	10	求和: [Dataset].[金额]	求和: [Dataset].[运货费]	求和: [Dataset].[数量]
1、意大利奶酪	[Dataset].[产品名称]	11			
2、其他		12			

图 5-65　建立参数域和计算域

Step5：刷新并保存。最终结果如图 5-66 所示：

甲栏		序号	销售额 1	运货费 2	销售数量 3	累计销售额 4
总计		1	99415.3	10541.1	3115	439272.72
一、饮料	饮料	2	34599.15	2398.2	834	115755.52
1、苹果汁	苹果汁	3	1548	225.45	90	6295.50
2、啤酒	啤酒	4	140	32.76	10	3241.00
3、其他	其他	5	32911.15	2139.99	734	106219.0249
二、点心	点心	6	9526.185	1600.13	432	55023.42
1、绿豆糕	绿豆糕	7	725	231.86	58	3262.50
2、棉花糖	棉花糖	8	624.6	191.27	20	6044.57
3、其他	其他	9	8176.585	1177	354	45716.35796
三、日用品	日用品	10	10842	1592.55	446	78139.19
1、意大利奶酪	意大利奶酪	11	0	0	0	0
2、其他	其他	12	10842	1592.55	446	78139.19496

图 5-66　重点产品销售分析最终结果

也可以将"其他"选项用实际剩余的实例代替，如在饮料中，可将其他改成"牛奶""绿茶"等。如图 5-67 所示：

参数区域：

甲栏		序号	销售额 1
总计		1	17835.53047
一、饮料	饮料	2	3864.599982
1、苹果汁	苹果汁	3	611.9999957
2、啤酒	啤酒	4	490
3、其他	牛奶，绿茶	5	0
二、点心	点心	6	2341.422997
1、绿豆糕	绿豆糕	7	687.5
2、棉花糖	棉花糖	8	0
3、其他	饼干,蛋糕,桂花糕	9	841.0229968
三、日用品	日用品	10	628.12
1、意大利奶酪	意大利奶酪	11	0
2、其他	花奶酪	12	63.92000009

图 5-67　修改"其他"选项后的结果

然后再改变一下参数域。如图 5-68 所示：

参数区域：

甲栏		序号	销售额 1	销售数量 3
总计		1	求和: [Dataset].[金额]	求和: [Dataset].[数量]
一、饮料	[Dataset].[类别名称] [类别年].[类别名称]	2		
1、苹果汁	[Dataset].[产品名称] [产品年].[产品名称]	3	求和: [Dataset].[金额]	求和: [Dataset].[数量]
2、啤酒		4		
3、其他		5		
二、点心	[Dataset].[类别名称] [类别年].[类别名称]	6		
1、绿豆糕	[Dataset].[产品名称] [产品年].[产品名称]	7	求和: [Dataset].[金额]	求和: [Dataset].[数量]
2、棉花糖		8		
3、其他		9		
三、日用品	[Dataset].[类别名称] [类别年].[类别名称]	10		
1、意大利奶酪	[Dataset].[产品名称] [产品年].[产品名称]	11	求和: [Dataset].[金额]	求和: [Dataset].[数量]
2、其他		12		

图 5-68　修改参数域

刷新数据，此时在"刷新"下勾选"在批注中显示计算表达式"后再次刷新，在单元格的右上角会出现红色标志，将鼠标放上去，可看见相应的 SQL 代码。如图 5-69 所示：

参数区域：

甲栏		序号	销售额 1	销售数量 3	累计销 4
总计		1	17835.53047	879	4214
一、饮料	饮料	2	3864.599982	209	111
1、苹果汁	苹果汁	3	611.9999957	40	5
2、啤酒	啤酒	4	490		
3、其他	牛奶，绿茶	5	0		
二、点心	点心	6	2341.422997		
1、绿豆糕	绿豆糕	7	687.5	55	2
2、棉花糖	棉花糖	8	0	0	6
3、其他	饼干，蛋糕，桂花糕	9	841.0229968	50	1422
三、日用品	日用品	10	628.12	35	77
1、意大利奶酪	意大利奶酪	11	0	0	
2、其他	花奶酪	12	63.92000009	2	1723

SUM([Dataset].[金额]) WHER
[Dataset].[产品名称] = '牛奶.

图 5-69　修改参数域后的结果

第三种方法则是再新建一个单元格，将产品大类和产品名称单独存放，也可将"类别名称"的设置和"产品名称"设置一样，不用如图分成三个单元格，"其他"则可用"非"代替，如"苹果汁，啤酒"。如图 5-70 所示：

参数区域：

甲栏			序号	销售额 1	销售数量 3
总计			1	求和：[Dataset].[金	求和：[Dataset].[数
一、饮料	[Dataset].[类别名称] [类别年].[类别名称]		2	求和：[Dataset].[金额]	求和：[Dataset].[数量]
1、苹果汁			3		
2、啤酒			4		
3、其他			5		
二、点心	[Dataset].[类别名称] [类别年].[类别名称]	[Dataset].[产品名称] [产品年].[产品名称]	6	求和：[Dataset].[金额]	求和：[Dataset].[数量]
1、绿豆糕			7		
2、棉花糖			8		
3、其他			9		
三、日用品	[Dataset].[类别名称] [类别年].[类别名称]		10	求和：[Dataset].[金额]	求和：[Dataset].[数量]
1、意大利奶酪			11		
2、其他			12		

图 5-70　设置"其他"选项修改

刷新结果后，如图 5-71 所示：

报告日期:						
参数区域:						
				销售额	销售数量	累计销售额
甲栏			序号	1	3	4
总计			1	17835.53047	879	421437.19
一、饮料	饮料		2	3864.599982	209	111890.92
1、苹果汁	饮料	苹果汁	3	611.9999957	40	5683.50
2、啤酒	饮料	啤酒	4	490		
3、其他	饮料	!苹果汁,啤酒	5	2762.599986		
二、点心	点心		6	2341.422997		
1、绿豆糕	点心	绿豆糕	7	687.5		
2、棉花糖	点心	棉花糖	8	0	0	6044.57
3、其他	点心	!绿豆糕,棉花糖	9	1653.922997	124	412817.6187
三、日用品	日用品		10	628.12	35	77511.07
1、意大利奶酪	日用品	意大利奶酪	11	0	0	0
2、其他	日用品	!意大利奶酪	12	628.12	35	421437.1852

> SUM([Dataset].[金额]) WHERE [Dataset].[类别名称] = '饮料' AND [Dataset].[产品名称] NOT IN ('苹果汁', '啤酒')

图 5-71　修改后的结果

5.6.5 【示例五】人员情况分析

数据准备：

从所在城市、部门、雇员 ID、年龄、性别和学历等方面对人员情况进行分析统计。

关键技术点：

对象的级联、参数域的设置。

具体步骤：

Step1：新建查询，查询对象有城市、年龄、性别、学历、雇员 ID 和部门。因为部门在存储时用数字表示，故可以用值列进行数据转换。如图 5-72 所示：

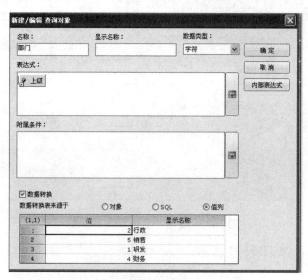

图 5-72　建立人员情况统计查询

Step2：在表样中设置参数域，注意行参数域不需要需自动扩展，列参数域需自动扩展从表格的第一行到最后一行。如图 5-73 所示：

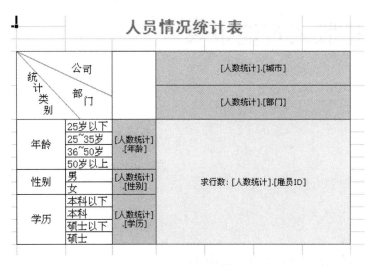

图 5-73　设置参数域和计算域

刷新后保存。结果如图 5-74 所示：

统计类别	公司 部门	北京				上海			
		财务	销售	行政	研发	财务	销售	行政	研发
年龄	25岁以下	0	0	0	0	0	0	0	0
	25~35岁	0	0	0	0	0	0	0	0
	36~50岁	2	4	7	1	4	2	4	3
	50岁以上	1	1	0	0	1	0	0	0
性别	男	2	4		2	3	2	1	2
	女			5	1	1		3	1
学历	本科以下	0	0	0	0	0	0	0	0
	本科	2	4	7	1	3	1	4	2
	硕士以下	0	0	0	0	0	0	0	0
	硕士	0	0	0	0	0	0	0	0

图 5-74　人员情况统计表最终结果

6 排版式智能报表

6.1 排版式智能报表概述

6.1.1 排版式智能报表概念

BQ 商业智能软件的排版式智能报表模块，是将智能查询（IQuery）所生成的查询结果，反映为各种形式的报表，如标准表、主从表等，并可对报表项进行编辑以及转化为各种图形。排版式智能报表采用排版项原理制作报表，坚持"能画出来的报表，用 BQ 排版式智能报表就能设计出来"的设计思路，大大提高了报表制作的效率，与水晶报表相比，BQ 排版式智能报表更灵活、更高效，更加适合中国用户的使用。

6.1.2 排版式智能报表的适用范围

排版式智能报表，采用画布式布局，主要适用于制作排版比较杂乱的报表，特别是对于 ERP、HR、POS 等行业，不同企业对报表的要求都是不同的，而根据 BQ 排版式智能报表的设计原理，其能帮助用户制作出各种风格的报表。

6.1.3 排版式智能报表的特点

排版式智能报表的特点包括：

（1）报表格式制定灵活方便，采用全球独一无二的报表"排版项"设计原理，通过对排版项进行不同的属性设置，便能轻松制作出各种不同格式的报表。

（2）报表设计界面灵活，能自定义设计界面纸张的大小。

（3）报表中能插入各种样式的图表。

（4）允许用户以编写脚本的方式，无缝式获得自定义的附加功能，来满足日益增长的需求。

（5）所有的界面可通过使用拖拽机制和拖放菜单制作报表。

（6）全对象重用管理技术，能单点更新，使维护报表的时间与成本大大节省。

6.2 排版式智能报表的制作

6.2.1 编辑报表

1. 排版式智能报表构建面板介绍

登录系统后进入 Designer 界面，选择系统共享区下的目标目录（自定义），鼠标右键选择"新建"选项的下拉选择条下的"智能报表（排版式）"。如图 6-1所示：

图 6-1　新建排版式智能报表

点击后，主操作界面打开并显示排版式智能报表构建器。如图 6-2 所示：

图 6-2　排版式智能报表构建器

界面说明：

快捷功能区：显示排版式智能报表构造器最常用的功能按钮。

报表工作区：列出当前报表所包含的查询、参数集、排版项的集合等信息。查询和参数在此处建立。

创建动态报表时，报表数据取自智能查询的结果。在排版式智能报表中，将智能查询的结果转变为查询，每个查询对应一个查询结果，查询形成后即独立于原查询而存在。制作报表时，可取出查询的全部或部分列的数据。每一个报表文件可包含一个或多个查询。查询可以来源于本表，也可以来源于系统共享区或个人共享区。

报表属性区：当在报表中选中一个对象如排版项时，其相关的属性内容也会自动在属性区里显示，同时可以在此修改一些属性设置。

报表设计区：在此设计报表的布局及格式等可见对象。用户既可以将系统共享区和个人共享区的查询、排版项等建立报表文件所需的对象直接拖放到报表中使用，也可以把报表设计区中所包含的对象提交到系统共享区或个人共享区以备重用，如排版项对象。

2. 具体操作

（1）插入排版项。

您既可以在报表对象中通过插入排版项来构建各种类型的报表，也可以通过插入排版项的方式来增加一些简短的文字，如表格标题、简单备注等。

插入排版项操作如下：单击快捷功能区［排版项］按钮▥▾，会出现一个矩形虚线框，拖动该虚线框至报表的设计区的目标位置后，可以通过拖拉随意调整其大小，设置其属性或往里面再插入子排版项等等，也可以双击鼠标使排版项里出现光标，此时即可输入所需文字。

（2）排版项设置——常规设置。

选中报表设计区内的一个排版项，然后点击"排版项属性"按钮▤，进入排版项属性对话框。如图6-3所示：

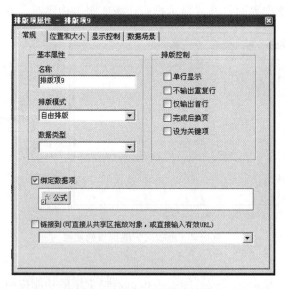

图6-3　排版项属性对话框

①名称。在"名称"的输入框里直接输入排版项名称。

②排版模式。系统提供三种排版模式，分别为自由排版、自动水平排版、自动垂直排版，可比较其效果的不同。

自由排版：排版项能自由排放。效果如图6-4所示：

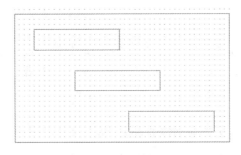

图 6-4　自由排版效果

自动水平排版：通常是将一个大排版项设置为自动水平，当再将小排版项插入到已经设置为自动水平的排版项中时，各小排版项自动适应大排版项的高度，同时自动紧贴排列，中间不留间隙。效果如图 6-5 所示：

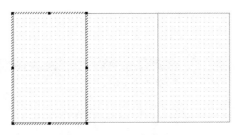

图 6-5　自动水平排版效果

自动垂直排版：类似于自动水平排版，只是插入的小排版项是从上至下紧挨排列。效果如图 6-6 所示：

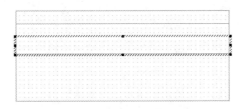

图 6-6　自动垂直排版效果

③数据类型。默认为排版项绑定的数据项的数据类型，也可以在此进行修改。如图 6-7 所示：

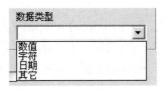

图 6-7　数据类型选项

④绑定数据项。系统自动显示所绑定的查询数据项。图例中绑定为自定义公式。

⑤链接到。对排版项进行链接设置，可以链接到共享区的报表、网址、

邮箱等。

⑥排版控制。

单行显示：在页面视图里浏览时，列表中的数据将会逐条逐页显示。

不输出重复行：在页面视图里浏览时，列表中的数据不会输出重复行，也就是查询中的记录如果有重复行，在这个排版项中只显示一次，不会每页重复显示。

仅输出首行：仅显示当前绑定的查询项的首行数据。

完成后换页：通常是将一个大排版项设置为自动水平，当再将小排版项插入到已经设置为自动水平的排版项中时，各个小排版项自动适应大排版项的高度，同时各个小排版项的位置会自动贴紧，中间不留间隙。

显示零值：系统默认显示记录的零值。如果不需要显示零值，则把该选项的选中属性去掉即可。

（3）排版项设置——位置和大小设置。

排版项的位置和大小设置如图6-8所示：

图6-8　排版项位置与大小设置

①位置。

分别在"左""上""宽""高"的输入框里输入一个值，可以设置"排版项"框在报表设计区内的位置。当设置"宽"和"高"为自动时，此"排版项"框的高和宽会根据"排版项"框里的数据自动扩宽和延长到相应的范围，以至能满页显示记录。

选中"基于父对象"的"上"或"下"，可以设置"排版项"在父排版项里的显示位置。

空值不占位：选中该选项后，不显示空的记录。

②行高和列宽。

固定行高：在"固定"右边的输入框里输入一个值来设置"排版项"框里的数据的行高。

固定列宽：在"固定"右边的输入框里输入一个值来设置"排版项"框里的数据的列宽。

（4）排版项设置——显示控制设置。

排版项显示控制设置如图6-9所示：

图6-9　排版项显示控制设置

①隐藏。能够隐藏排版项，这时排版项在设计视图中可以看见，但在浏览视图中就不会显示出来。

②持续显示。在每一页都显示，一般用在标题、文本说明、页码等。

③自动垂直重复。在一页里自动垂直重复显示各条记录，第二条记录自动在第一条记录下面垂直显示。该选项和"单行显示"配合可以制作工资条、信封、标签等，可参看例子"Sample—Chinese—动态报表—客户标签"报表的制作。

④自动水平重复。类似于自动垂直重复，在一页里自动水平重复显示各条记录，第二条记录自动在第一条记录右面水平显示。

⑤每页仅限显示一次。对指定的排版项设置为每页仅显示一次。

⑥自定义画。自定义画是指触发 BeforeDraw 事件而用到的属性。

⑦同页输出全部子项。对最大的排版项设置此选项，则会在同页中将其中的全部子项输出完。

⑧显示为行号。显示为行号是指将当前列设置显示为从1开始自动排序的号码。

⑨显示为图像。显示为图像是指将当前列显示为图像，此点必须在配合格式设置中"自定义"处设置了图片的位置路径后才可以显示为图像，详细的设置方法请参看本章中"显示图像的报表"部分。

⑩拉伸。拉伸是指图像的显示以拉伸的方式充满整个排版项。

⑪平铺。平铺是指图像的显示以平铺的方式，即只显示原图的大小。

⑫继承父排版项格式。此选项默认是钩住的，也就是说如果用户选择一个大排版项进行了字体等格式设置，那包含在此大排版项中的所有小排版项都会继承父排版项的字体等格式设置，即只要对大排版项进行设置，每个小排版项将自动套用大排版项的属性，如果用户想要对个别小排版项进行特殊的格式设置，则需单独选中这个小排版项来设置。

⑬显示条件。可以设置当前选择的排版项的显示条件，即对排版项显示的数据做条件限制。

⑭显示前（后）N 行数据。可以限制此排版项只显示绑定数据项的前几名或后几名的数据，前几名直接输入数据即可，后几名则需在数据前加负号，即"−"符号。

⑮显示零值。数据库中为 0 的值，显示出来。如果不选，则不显示。

⑯单色描绘。假如现在 add-in 是彩色的，如果只想看到黑白色，可以选中此选项。

⑰高精度描绘。如果报表中有条形码之类的图，要设置这个选项，否则当该报表打印出来时，条形码部分可能扫描不到。

⑱零间隙输出。设置勾选此项后，排版项的边缘位置会紧挨着里面的数值。如果不设置此项，排版项缩小时会掩盖里面的内容值。

（5）排版项设置——数据场景设置。

排版项数据场景设置如图 6-10 所示：

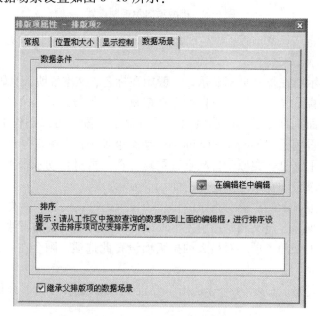

图 6-10　排版项数据场景设置

①数据条件。既可以在"数据条件"的输入框里输入相应的条件，也可以单击输入框右侧的按钮 在编辑栏中编辑 ，此时，系统会把"属性"屏幕缩小为一个小窗口

屏幕。如图6-11所示：

图 6-11　小窗口属性屏幕

用户可以通过拖放把相应的对象、查询里的查询项拖入此输入框来构建一个数据条件。图6-12为把一个原来显示"货主地区"查询项的排版项限制显示其中的"华北"数据。

图 6-12　数据条件设置示例

②排序。可以在工作区中将查询的数据列拖放到排序编辑框中进行排序设置，双击排序项可以改变排序的方向。

（6）关键项设置。

把某排版项设置为关键项后，在该排版项内包含的所有子排版项数据将会与关键项的数据建立关联，并随着关键项数据的变化而变化。这通常用于制作主从报表。

（7）报表格式设置。

单击需要进行格式设置的行或列，直至出现黑色边框，然后点击鼠标右键，在弹出的快捷菜单中选择"格式设置"命令或者直接点击快捷功能区的相关图标按钮即可对该行或该列的数据进行格式设置。"格式设置"界面如图6-13所示：

图 6-13　报表格式设置

说明:

选择整个报表(报表边缘出现八个定位点),然后点击鼠标右键,在弹出的快捷菜单中选择"格式设置"命令或者直接点击快捷功能区的按钮 ,即是对整张报表的数据进行格式设置。

(8)格式的继承/取消。

在继承选择排版项后单击鼠标右键,将弹出的快捷菜单"继承父排版项格式"命令前的打勾符号去掉,就可以取消父排版项格式。系统默认选中"继承父排版项格式"该项。

(9)刷新数据。

刷新数据是指从数据库中重新获取最新的数据更新到报表中。刷新数据功能使报表中的数据能跟随数据源中数据的改变而改变,无需重新设计报表。操作方法如下:

①默认刷新。单击快捷功能区中的"刷新数据"图标 ,系统将提示"正在刷新查询对象数据",刷新后取出的数据即为当前系统中最新的数据,在等待过程中,可以单击对话框中[取消]按钮来取消刷新操作。如图6-14所示:

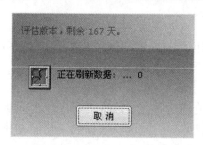

图6-14 系统刷新数据提示

②指定行数刷新。点击快捷按钮,选择"按指定行数刷新"。如图 6-15 所示:

图6-15 指定行数刷新

弹出"取记录选项"窗口。如图6-16所示:

图 6-16　"取记录选项"窗口

取记录选项窗口有两个单选框：取回全部记录和取限定记录数。系统默认是第一个选项。如要取限定记录数，请选择"取限定记录数"项，输入记录数。设置好后，单击［确定］按钮，将会取出所设置的记录数的数据。

说明：

对于有大量记录的查询，刷新查询命令可能会耗费大量时间，因此建议在设计报表时用指定行数刷新的方式来刷新。在完成报表制作后需打印时，才取出全部记录进行打印。

③打开即刷新。选中图 6-15 中的"打开即刷新"命令并保存报表，在下次打开该报表对象时，报表对象将自动刷新最新的数据。

（10）公式的使用操作方法。

①单击快捷功能区的"公式"按钮 _fx_，会出现一个矩形虚框，在拖动该虚框至报表的目标位置后，系统会出现一个新建公式界面。如图 6-17 所示：

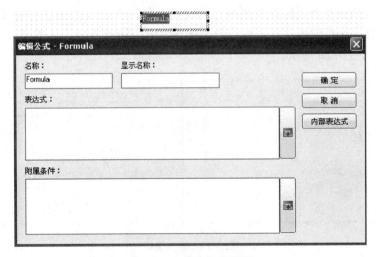

图 6-17　新建公式界面

② 用户既可以直接在"表达式"输入框中输入公式，也可以从系统共享区或工作区中拖放对象到此输入窗口构建公式，如系统共享区的函数、操作符、工作区的查询对象等。

（11）通过菜单插入图像。

①单击快捷功能区的"图像对象"按钮 ，如图6-18所示：

图6-18　图像信息设置

②图像大小区域里会显示出被插入图像的实际的宽和高，在预览区域里会显示被插入图像的样子。

③单击"确定"后，便可把图像拖到报表的相应位置上。

（12）插入图表。

①插入图表在报表的设计视图中的快捷功能区中，点击图表按钮 ，就会随鼠标出现一个虚线框，点击报表的设计视图下的任意位置，该图表框就会被固定。界面如图6-19所示：

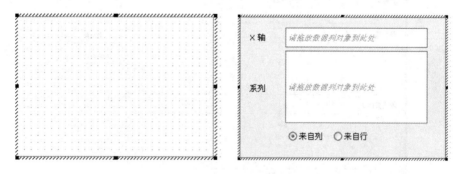

图6-19　插入图标

②在报表工作区的"查询"目录下将不同的查询列拖到上图的轴标签和序列中即可自动生成图表。需要注意的是图表数据的来源只能来源于查询而不能来源于报表中设计好的公式的值。

6.2.2　打印动态报表

打印动态报表操作比较简单，只需注意自定义纸张大小，即用户可以根据需要在"打印设置"屏幕里随意自定义纸张大小。具体操作步骤如下：

Step1：单击"文件"菜单下面的"打印设置"命令。如图6-20所示：

图 6-20　打印设置下拉框

Step2：在"打印设置"屏幕里的"纸张"—"大小"的下拉框里，选择"自定义"选项。如图6-21所示：

图 6-21　打印设置界面

Step3：选择"自定义"后，在"大小"右边的显示框里会显示当前报表纸张的长和宽，用户可以直接在这里进行修改，输入新的报表长及宽的数值，从而重新定义报表纸张大小。如图6-22所示：

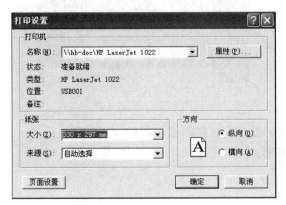

图 6-22　定义报表纸张大小

Step4：按照上图中的条件设计，在"打印设置"屏幕里单击"确定"按钮退出后，报表设计区的长和宽便按着自定义的纸张大小而变化了。

6.2.3 打印报表

在图 6-22 中点击"页面设置"命令，进入页面设置界面。如图 6-23 所示：

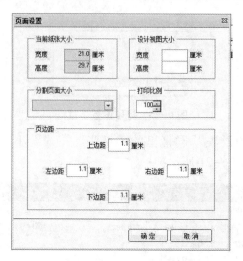

图 6-23 报表页面设置

可以设置打印比例、设计视图大小、纸张大小和页边距。其中"设计视图大小"是指在报表设计视图下显示的纸张大小，且当"设计视图大小"的值为空时，系统会默认设计视图的大小为"纸张大小"处的值。

6.2.4 预览报表

在刷新了完整的数据的状态下，点击快捷工具栏中的打印预览按钮，可进入预览窗口。如图 6-24 所示：

图 6-24 预览报表

注意：如果机器没有连接打印机或者是连接打印机无效，预览和打印设置显示为灰色，即不可用。

6.3 排版式智能报表动态报表

6.3.1 报表最终效果

排版式智能报表的最终效果如图 6-25 所示：

图 6-25 排版式报表最终效果

用例说明：根据不同地区、不同日期设计产品销售情况的报表。

本查询要点及难点分析：报表中的结果能随着参数值的变化而相应变化，不同用户打开同一报表时看到的也将有所不同。

6.3.2 具体操作步骤

1. 新建动态报表

在系统共享区或个人共享区的任一文件夹中，右键点击鼠标"新建"，在弹出的快捷菜单中选择"智能报表（排版式）"。如图 6-26 所示：

图 6-26 新建排版式智能报表

2. 系统自动跳转

系统自动跳转到动态报表的编辑工作区。如图 6-27 所示：

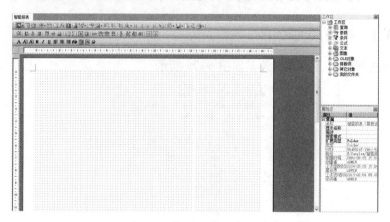

图 6-27　动态报表编辑工作区

3. 创建查询

此时先建立查询，即通过查询从数据源中获取报表中要展示的数据。操作方法：在右侧"工作区"中右键点击"查询"，选择"新建查询"。如图 6-28 所示：

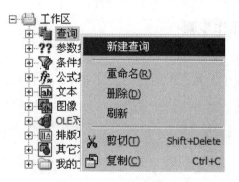

图 6-28　新建智能查询

说明：这里的查询也可以通过全对象重用技术从系统共享区中拖拉其他查询对象来共享使用。

4. 设计查询

查询构造方法请参考智能查询介绍部分。查询设计视图如图 6-29 所示：

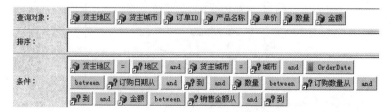

图 6-29　智能查询设计视图

5. 刷新查询

刷新数据得出查询结果，保存并关闭查询。如图 6-30 所示：

(1,1)	货主地区	货主城市	订单ID	产品名称	单价	数量	金额
1	华南	深圳	10296	民众奶酪	16.8	12	201.6
2	华南	深圳	10296	饼干	13.9	30	417
3	华南	深圳	10287	饼干	13.9	40	996685982
4	华南	深圳	10319	烤肉酱	36.4	14	509.6
5	华南	深圳	10287	啤酒	11.2	20	224
6	华南	深圳	10287	蚵	9.6	15	999141693
7	华南	深圳	10300	肉松	13.6	30	408
8	华南	深圳	10300	绿豆糕	10	20	200
9	华南	深圳	10296	黑奶酪	28.8	15	432
10	华南	深圳	10319	柠檬汁	14.4	30	432

图 6-30　智能查询结果

6. 设计报表

设计报表具体步骤为：

Step1：回到报表编辑界面，先做报表顶部参数部分的值，做法与前面的几个例子相同，只是动态部分需直接拖放工作区中的参数集中的参数（查询中的参数会自动出现在动态报表编辑工作区中的参数集中）。如图 6-31 所示：

地区：	地区		城市：	城市	
送货日期从：	订购日期从		到：	订购日期到	
数量从：	订购数量从		到：	订购数量到	
金额从：	销售金额从		到：	销售金额到	

图 6-31　设计报表参数

Step2：报表下边的内容因为排版规则，可以使用数据表的方式直接完成，无需对一个个排版项进行排列。操作方法：点击快捷工具栏上的"数据表"按钮 ⊞ ，会有虚框跟随鼠标，在报表编辑区域的目标位置点击鼠标左键，会有一个数据表的窗口出现在报表编辑界面中。如图 6-32 所示：

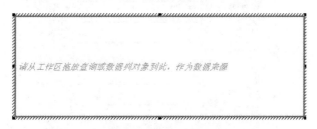

请从工作区拖放查询或数据列对象到此，作为数据来源

图 6-32　数据表窗口

Step3：直接将右侧工作区中的"查询"中的整个查询拖放进来，或拖放查询中的部分数据列。如图 6-33 所示：

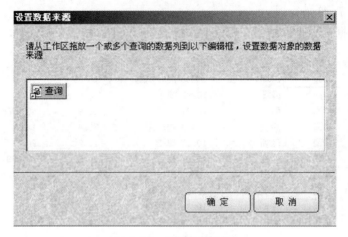

图 6-33　设置数据来源

Step4：点击"确定"按钮，系统会弹出如下报表内容，选中每一个单元格也可以对其进行格式设置，如对背景、字体等的调整。如图 6-34 所示：

公式8 地区	公式9 主城市	公式10 ID	公式11 品名称	公式12 价	公式13 量	公式14 金额	
货主地区	货主城市	订单ID	产品名称	单价 ¥16.80	数量 12.00	金额	¥201.60
华南	深圳	10296	饼干	¥13.90	30.00		¥417.00
华南	深圳	10287	饼干	¥13.90	40.00		¥472.60
华南	深圳	10319	烤肉酱	¥36.40	14.00		¥509.60
						公式15	¥ 3,419.20

图 6-34　设置报表单元格格式

Step5：这种方式基本不需要设置排版项属性，如果想要报表参数部分（即 Step1 内容）在每页都显示，可将此部分设置为"持续显示"。

Step6：刷新报表时会弹出参数输入框；输入相关的参数后点击确定，刷新报表数据。分别如图 6-35、6-36 所示：

输入参数	
地区	华南
城市	深圳
订购日期从	1996-7-4
到	1998-1-16
订购数量从	10
到	100
销售金额从	10
到	1000

确定　　取消

图 6-35　输入参数界面

地区：	华南		城市：	深圳		
送货日期从：1996-7-4			到：	1998-1-16		
数量从：	10		到：	100		
金额从：	10		到：	1000		

货主地区	货主城市	订单ID	产品名称	单价	数量	金额
华南	深圳	10296	民众奶酪	￥16.80	12.00	￥201.60
华南	深圳	10296	饼干	￥13.90	30.00	￥417.00
华南	深圳	10287	饼干	￥13.90	40.00	￥556.00
华南	深圳	10319	烤肉酱	￥36.40	14.00	￥509.60
华南	深圳	10287	啤酒	￥11.20	20.00	￥224.00
华南	深圳	10287	蚵	￥9.60	15.00	￥144.00
华南	深圳	10300	肉松	￥13.60	30.00	￥408.00
华南	深圳	10300	绿豆糕	￥10.00	20.00	￥200.00
华南	深圳	10296	黑奶酪	￥28.80	15.00	￥432.00
华南	深圳	10319	柠檬汁	￥14.40	30.00	￥432.00
						￥3,524.20

图 6-36 报表刷新结果

Step7：点击■切换到报表设计界面，点击菜单"数据"下面的"参数界面设计"，用户可以对参数界面做个性化自定义。如图6-37所示：

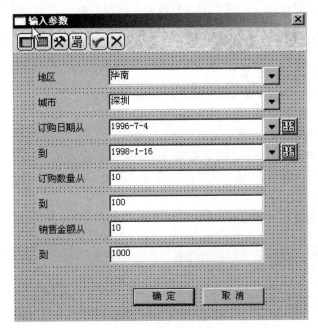

图 6-37 自定义参数界面

7. 参数报表设计完成

7 智能报告

7.1 智能报告功能概述及特点

7.1.1 智能报告功能概述

智能报告利用 Microsoft Word 功能完成报表的制作，达到简、易、强的效果，它在 Microsoft Word 的基础上开发，与 Word 无缝集成，充分利用 Word 的强大文书功能，通过智能查询，实现了从各种数据源获取数据，并整合成一张报表。

7.1.2 智能报告功能特点

智能报告功能特点主要有：
（1）与 Microsoft Word 无缝集成，轻松实现文件套打功能。
（2）在 Word 中动态调用数据和信封功能。
（3）选择不用参数，批量生成报表。
（4）利用 Microsoft Word 文字编辑功能编辑报表样式。
（5）利用任务调度自动生成年报、季报、月报、周报、日报等。
（6）批量打印报表。
（7）支持动态图表功能。

7.2 新建智能报告步骤

7.2.1 新建智能报告

在系统共享区中右键单击任意文件节点，选择新建，出现下拉框，点击【智能报表】。如图 7-1 所示：

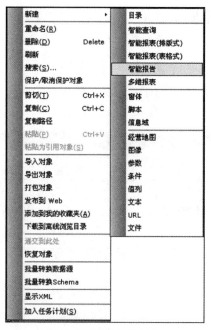

图 7-1　新建智能报告

7.2.2　新建报告模板

在智能报告设计界面编写报告样表（同在 Word 中编辑文档一样）。效果如图
7-2 所示：

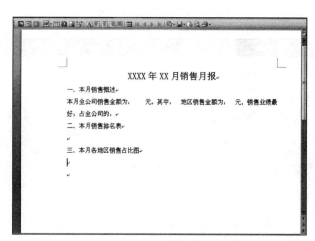

图 7-2　新建报告模板

7.2.3 新建数据查询

1. 完善信息域

首先查看您的【基本功能演示】—【信息域】—【销售信息库】—【订单】是否存在"年""月"两个数据对象；若不存在，则需要创建，方法可参考信息域文档。最终"年""月"两个参数的设置如图 7-3、图 7-4 所示：

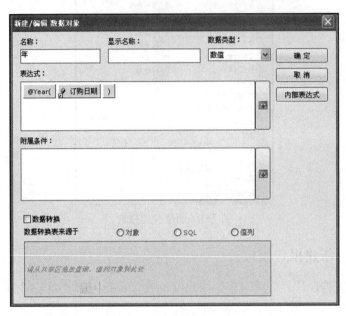

图 7-3　新建数据对象"年"

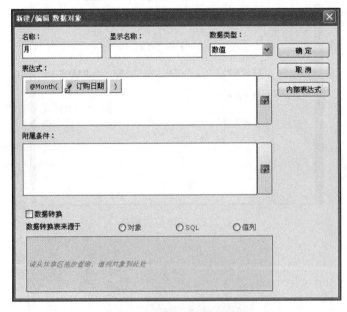

图 7-4　新建数据对象"月"

2. 建立智能查询

在已建立的智能报告的基础上，新建两个智能查询："销售员排名查询""地区销售情况查询"。

【销售员排名】智能查询的设置：

①分别将所需数据对象拖入，对查询对象区的【金额】进行求和。

②对于数据排序区的金额，直接将查询对象区的【金额】拖动过来即可，并进行倒排序（排序方法为双击金额的图标，显示为 Z-A，即为倒序）。如图7-5所示：

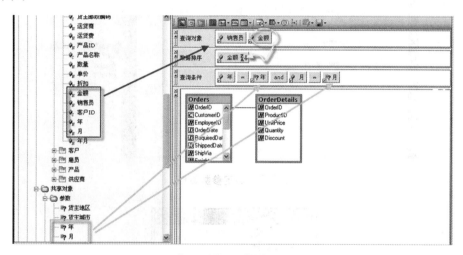

图 7-5　【销售员排名】智能查询的设置

【地区销售情况】智能查询的设置：

①分别将所需数据对象拖入，对查询对象区的【金额】进行求和。

②对于查询排序区的金额，直接将查询对象区的【金额】拖过来即可，并进行倒排序（排序方法为双击金额的图标，显示为 Z-A，即为倒序）。如图 7-6所示：

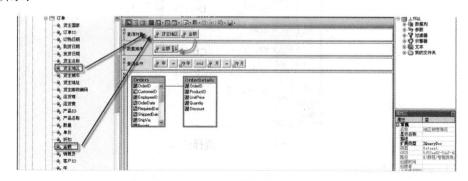

图 7-6　【地区销售情况】智能查询的设置

7.3.4 数据绑定

1. 绑定参数数据

将【工作区】"年""月"两个参数绑定到报告中"年""月"的位置。如图
7-7、图7-8所示:

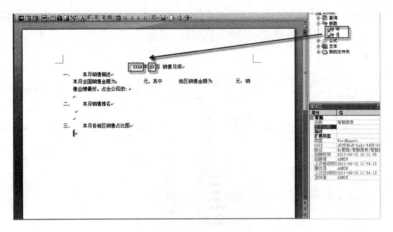

图7-7 绑定参数数据

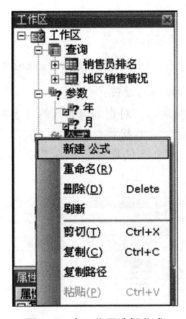

图7-8 在工作区选择公式

2. 绑定公式数据

根据需要,新建四个公式,并将所建的公式拖动到销售金额、状元地区、状
元地区销售金额与占比处。

（1）创建公式法。

在【工作区】右键单击公式节点。

（2）各公式的设置。

Step1：新建【全国销售金额】公式。设置如图7-9所示：

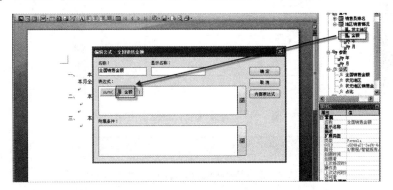

图7-9　新建【全国销售金额】公式

Step2：为【全国销售金额】公式新增一个名为 ShowFormat 的属性（属性值为：#，##0.00）。创建方法为选择公式并于属性区右键新建。如图7-10所示：

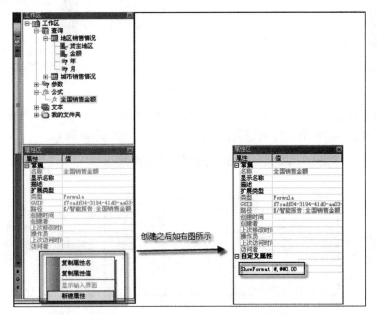

图7-10　设置公式【全国销售金额】的 ShowFormat 属性

Step3：新建【状元地区销售金额】公式并设置 ShowFormat 的属性（属性值为：#，##0.00）。设置如图7-11、图7-12所示：

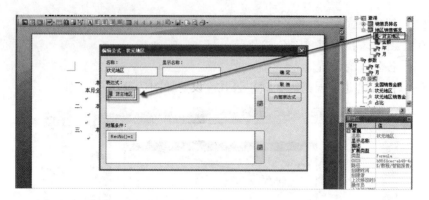

图 7-11　新建【状元地区】格式

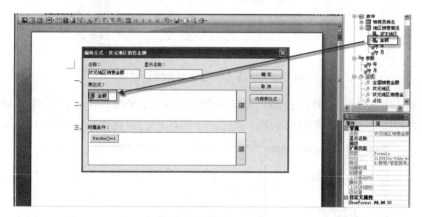

图 7-12　设置公式【状元地区销售金额】的 ShowFormat 属性

Step4：新建【占比】公式。设置如图 7-13 所示：

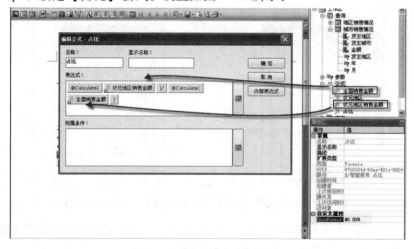

图 7-13　新建【占比】公式

3. 生成表格

在报告的第二部分，要绑定之前创建好的销售员排名查询来获取数据，从【工作区】将查询拖入报告中的相应位置，并在弹出的小窗口中选择表格。如图 7-14所示：

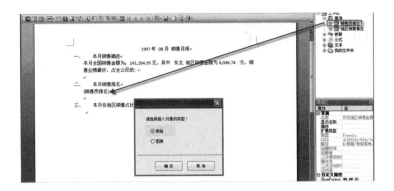

图 7-14　生成表格

4. 生成图形

在报告的第三部分，要绑定之前创建好的地区销售情况查询来获取数据，从【工作区】将查询拖入报告中的相应位置，并在弹出的小窗口中选择图标。如图7-15所示：

图 7-15　生成图形

5. 刷新报告

点击工具栏刷新按钮，刷新报告输入参数得到最终结果。如图 7-16 所示：

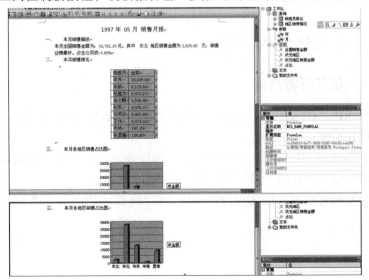

图 7-16　刷新报告

8 可视化分析

8.1 可视化分析概念及特点

8.1.1 可视化分析概念

可视化分析又叫综合分析、EIS 等，它将相关联的数据、报表、仪表盘和图形等组织在一起，通过数据、对象间的联动、钻取来实现快速的、多角度的数据查看、追踪和挖掘，从而协助决策者做出正确的判断与决策。

8.1.2 可视化分析特点

（1）拖放式和配置式的界面设计，所见即所得，易学易用。
（2）提供了丰富的展示元素和足够灵活的定制方式，图形丰富、动感。
（3）足够多的辅助对象，能轻松实现用户交互。
（4）强大的数据追踪，能追本溯源，实现简单。
（5）BQ 可视化分析能为企业定制业务分析、预警、KPI 监控等模型。
（6）"窗体"是实现 BQ 可视化分析的主要对象。

8.2 可视化分析步骤

8.2.1 建立所需查询

首先要确认界面的布局，也就是我们的示例要做成什么样的布局。
具体操作步骤：
Step1：根据我们已经确定好的布局图，可以确定三个不同维度的数据组，所以，我们需要做三个查询，用于图标展示的数据。
第一个查询名称为"地区明细查询"，同时设置"地区"为查询参数。如图 8-1 所示：

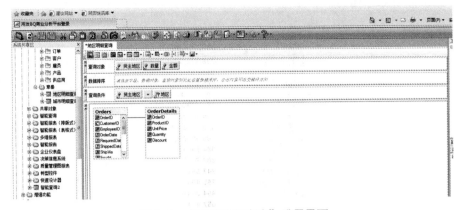

图 8-1 "地区明细查询"设置界面

结果如图 8-2 所示：

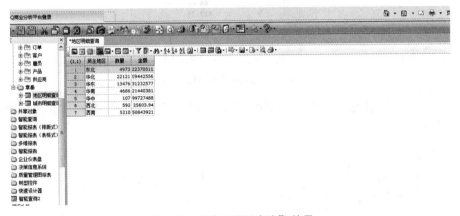

图 8-2 "地区明细查询"结果

第二个查询名称为"城市明细查询"，同时设置"城市"为查询参数。如图 8-3 所示：

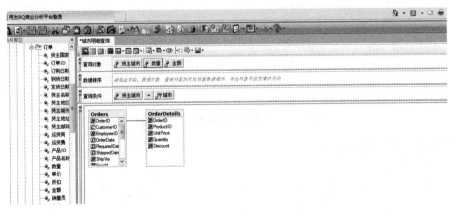

图 8-3 "城市明细查询"设置界面

结果如图 8-4 所示：

	货主城市	数量	金额
1	北京	736	37422521
2	常州	590	74822754
3	长春	969	49429014
4	长治	102	1444.8
5	成都	353	99854331
6	大连	804	74276098
7	海口	470	49584524
8	济南	708	99737515
9	昆明	384	34937855
10	南昌	887	74599341
11	南京	747	39913384
12	秦皇岛	755	49693346
13	青岛	494	24830833
14	上海	657	49438257
15	深圳	893	29638042
16	石家庄	515	64544293
17	天津	1619	18114383
18	温州	585	39828182
19	武汉	86	99727488
20	西安	527	25603.94
21	厦门	589	64815529
22	烟台	282	99350548
23	张家口	915	24818879
24	重庆	1148	73647025

图 8-4 "城市明细查询"结果

第三个查询名称为"类别明细查询"，同时设置"类别"为查询参数。如图 8-5 所示：

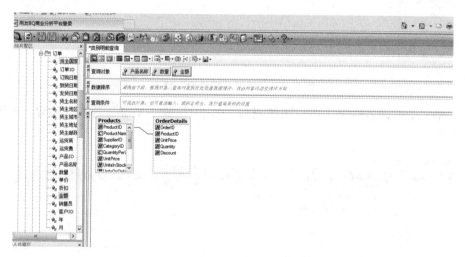

图 8-5 "类别明细查询"设置界面

结果如图 8-6 所示：

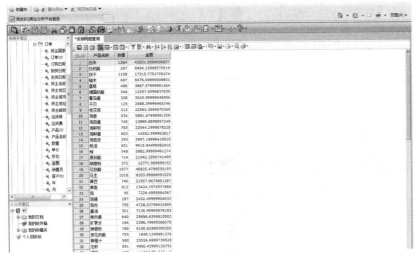

图 8-6 "类别明细查询"结果

8.2.2 新建窗体

1. 窗体简介

窗体是 Access 中的一种对象，利用窗体能够直观容易地向数据库输入、修改和查看数据。

2. 窗体的功能

输入数据、编辑数据、显示打印数据、控制应用程序的流程。

3. 窗体的类型

（1）纵栏式：每条记录按列显示，每列中左侧显示字段名、右侧显示字段内容。

（2）表格式：同时可以显示多条记录。

（3）数据表式：从外观上看数据表式窗体与表或查询的显示界面相同。主要用作某个窗体的子窗体。

（4）主/子窗体：

子窗体：窗体中包含的窗体。

主窗体：包含有子窗体的窗体。

（5）图表窗体。

（6）数据透视表窗体。

4. 新建窗体步骤

Step1：新建窗体，将做好的三个查询一一拖放进来，在弹出的窗体中选择"是"。如图 8-7 所示：

图8-7 新建窗体

Step2：在窗体的快捷按钮区中点击如图8-8，选择"旧版本图表"。

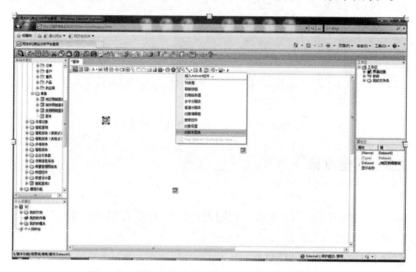

图8-8 选择窗体快捷按钮中的"旧版本图表"

Step3：选中插入到窗体中的图表，点击右键，选择"属性页"。如图8-9所示：

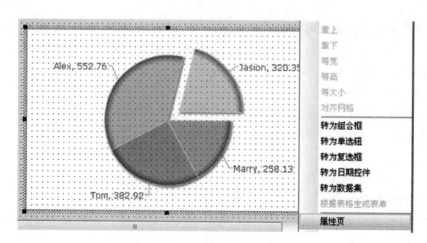

图8-9 点击窗体图标"属性页"

属性页的输入框中的内容可以从旁边的下拉列表中获得。可根据自己所需的维度来选择自己所需要的字段。Axis Column 相当于 X 轴，Serisez Column 相当于 Y 轴，Tip Column 鼠标悬停所显示的数据。在"Bind EnvVar"绑定"地区明细查询"中设置的参数字段，并在名称前加注"？"，该参数适用于当前窗体的整个生命周期。如图 8-10 所示：

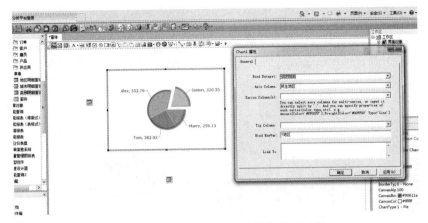

图 8-10 设置"地区明细查询"属性参数

同时，点击图表后，在界面右下方的属性区同样也会出现选中图表的属性，内容设置与上图相同。如图 8-11 所示：

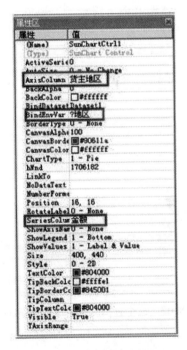

图 8-11 属性区图标设置界面

Step4：以同样的操作方式，完成剩余的两张图表。如图 8-12 所示：

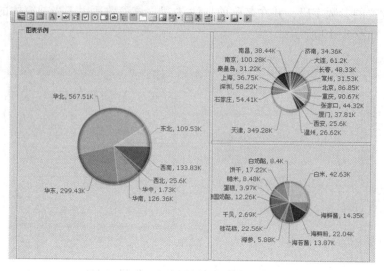

图 8-12　三个查询的窗体设置界面

　　Step5：点击右上图表，在界面右下方的属性区同样也会出现选中图表的属性，点击 ChartType，出现下拉框，选择 2-Column。同理操作右下图表，点击 ChartType 下拉框，选择 4-Bar。做好以上设置后，刷新窗体。图表的最终效果如图 8-13 所示：

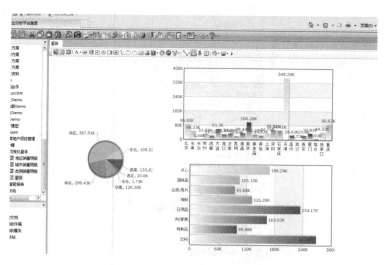

图 8-13　三个查询的窗体刷新最终效果

参考文献

[1] 汪晟. 移动互联网营销探索 [M]. 杭州：浙江大学出版社，2015.

[2] 谢导. 互联网营销：理念的颠覆与蜕变 [M]. 北京：机械工业出版社，2016.

[3] 约翰·韦斯特伍德，张卉竹，互联网时代的新营销：理念·原理·方法·工具·案例 [M]. 林小夕，译. 北京：企业管理出版社，2012.

[4] 漆晨曦，柯晓燕，曾宪伟，林清怡，等. 电信市场经营分析方法与案例 [M]. 北京：人民邮电出版社，2007.

[5] 用友 BQ 商业分析平台技术红皮书. 用友软件股份有限公司，2014.

[6] 拉姆什·沙尔达，杜尔森·德伦，埃弗雷姆·特班. 商务智能与分析：决策支持系统 [M]. 10 版. 叶强，徐敏，方斌，译. 北京：机械工业出版社，2018.

[7] 杜尔森·德伦. 商务智能：数据分析的管理视角 [M]. 4 版. 赵卫东，译. 北京：机械工业出版社，2018.

[8] 赵卫东. 商务智能 [M]. 北京：清华大学出版社，2016.

[9] 刘红岩. 商务智能方法与应用 [M]. 北京：清华大学出版社，2013.

[10] 王苗，顾洁. 三位一体的商务智能（BI）——管理、技术与应用 [M]. 北京：中国水利电力出版社，2004.